Rufino Villalobos

Semillas de Integridad
Cómo Formar Jóvenes Éticos y Responsables

RUFINO VILLALOBOS

SEMILLAS DE INTEGRIDAD

CÓMO FORMAR JÓVENES ÉTICOS Y RESPONSABLES

Dedico este libro a mi primera gran maestra, Elida Añez.

Por enseñarme a creer en mí mismo, por mostrarme que cada paso hacia adelante importa y por plantar en mí la semilla de la integridad. Este libro, en muchos sentidos, existe porque una vez en una pequeña aula del colegio Dr. Pedro Luengo me hiciste ver el potencial que habitaba en mí.

Gracias por ser la chispa inicial de este maravilloso viaje.

1

Introducción al Liderazgo en la Educación Moderna

En el contexto educativo y familiar actual, los conceptos de liderazgo y educación enfrentan una serie de transformaciones sin precedentes. Este libro parte de una premisa fundamental: educar a los niños y jóvenes para que sean líderes responsables no es una opción, sino una necesidad para la construcción de una sociedad ética y consciente de los derechos humanos. Hoy en día, tanto el hogar como la escuela desempeñan un papel crucial en la formación de jóvenes que deben ser, simultáneamente, autónomos y socialmente responsables, con la capacidad de navegar en un mundo diverso y en constante cambio.

El propósito de este libro es proporcionar una guía comprensiva para padres, educadores y formadores, con el fin de ofrecer herramientas prácticas y un enfoque educativo claro para fomentar el liderazgo en jóvenes. En una época donde el concepto de autoridad se ve cuestionado y donde la educación busca adaptarse a valores de igualdad y respeto, se vuelve crucial que padres y educadores comprendan su rol y las implicancias de sus acciones en la formación de jóvenes.

La finalidad del libro es también ofrecer un enfoque crítico, que permita observar los avances y los desafíos de la educación en tiempos modernos. Aquí se explorará cómo puede lograrse el equilibrio entre permitir a los jóvenes desarrollar su identidad individual, respetando sus derechos, y, al mismo tiempo, construir una personalidad basada en el respeto, la responsabilidad y el liderazgo ético.

El Rol de Padres y Educadores

En tiempos de cambios profundos, el rol de los padres y educadores en la construcción de un liderazgo ético en los jóvenes es más relevante que nunca. Sin embargo, cumplir esta función requiere una actualización constante y una adaptación al contexto social y cultural. Hoy, los padres y docentes no sólo son guías, sino también modelos de conducta, figuras de confianza y transmisores de valores, que deben equilibrar los derechos individuales de los jóvenes con la autoridad necesaria para educarlos.

Uno de los aspectos más críticos del liderazgo en la educación moderna es que requiere, ante todo, coherencia. Los jóvenes son cada vez más sensibles y críticos respecto a la conducta de sus figuras de autoridad, lo que significa que los adultos deben actuar en consonancia con los valores que desean inculcar. La coherencia y la autenticidad son elementos esenciales, porque los jóvenes se encuentran expuestos a una gran variedad de influencias externas, desde las redes sociales hasta los medios de comunicación, que muchas veces presentan modelos de conducta contradictorios y poco éticos.

Además, el concepto de autoridad ha evolucionado. En lugar de un enfoque autoritario, en el que los adultos exigen obediencia sin cuestionamiento, hoy se promueve una autoridad basada en la orientación y el respeto mutuo. Este tipo de liderazgo educativo implica establecer límites de manera clara y justificada, explicar las razones detrás de las reglas y fomentar el diálogo como medio para resolver conflictos. Los padres y educadores, en lugar de imponer sus decisiones, deben actuar como mentores que ayudan a los jóvenes a comprender la importancia de las normas, el impacto de sus acciones en los demás, y el valor de asumir responsabilidades.

Construir Autonomía y Responsabilidad

Un aspecto fundamental es el equilibrio entre fomentar la autonomía y la responsabilidad. Esto requiere que los adultos sean guías que no controlen excesivamente, sino que permitan a los jóvenes tomar decisiones y aprender de sus errores en un entorno seguro. El verdadero liderazgo no surge de la imposición de la autoridad, sino del fortalecimiento de una autonomía responsable que permita a los jóvenes tomar decisiones éticas y contribuir positivamente a su entorno.

En la educación moderna, los padres y educadores tienen el reto de motivar a los jóvenes a alcanzar su máximo potencial, pero al mismo tiempo, deben enseñarles a aceptar límites y a respetar las normas como una manifestación de respeto hacia los demás. En este sentido, fomentar la capacidad de autocrítica, enseñar a reflexionar sobre las propias decisiones y brindar las herramientas para desarrollar una ética personal son elementos cruciales en el proceso formativo.

Contemporáneos Desafíos

Vivimos en una sociedad en la que los valores tradicionales y las normas de comportamiento están en constante transformación. Estos cambios tienen implicaciones profundas para el desarrollo de los jóvenes, que deben aprender a vivir en un mundo en el que se valoran altamente los derechos individuales, pero en el que también es necesario asumir responsabilidades para vivir en comunidad.

Uno de los principales desafíos es que los jóvenes de hoy crecen en un contexto donde la información está a su disposición de manera inmediata y constante, y las redes sociales se han convertido en plataformas en las que se define la identidad, la autoestima y la percepción de éxito. Esto puede ser positivo en cuanto al acceso a nuevas ideas, pero también presenta riesgos. Los jóvenes se enfrentan a presiones para cumplir con ciertos estándares de éxito o popularidad, lo que puede generar una desconexión con valores como la honestidad y la humildad. Para educar líderes responsables, es crucial enseñar a los jóvenes a cuestionar estas influencias y a construir una identidad sólida que no dependa de la aprobación externa.

El Declive de la Autoridad Tradicional:

Otro reto importante es el cambio en la percepción de la autoridad. Las generaciones pasadas crecieron en un contexto donde la autoridad de los padres y maestros era indiscutible, mientras que hoy en día, los jóvenes tienen acceso a una serie de discursos y narrativas que cuestionan esta autoridad. Esto puede ser beneficioso para evitar abusos, pero al mismo tiempo, hace que los jóvenes tiendan a rechazar o desafiar cualquier forma de control.

Los adultos deben encontrar formas de ejercer una autoridad que no sea percibida como una imposición, sino como una orientación necesaria para su desarrollo. Esto implica reconocer los derechos de los jóvenes, fomentar el diálogo y brindar una autoridad que se base en el respeto mutuo y la comprensión de los beneficios de una estructura normativa.

El Contexto de Derechos y Libertades

El reconocimiento de los derechos individuales ha traído consigo un debate importante sobre los límites de la libertad en la educación. Es cierto que todos los jóvenes tienen derecho a expresar sus ideas, desarrollar sus talentos y elegir el camino que desean seguir. Sin embargo, estos derechos deben estar en equilibrio con las normas que aseguren el bienestar y la convivencia. Muchos padres y docentes enfrentan la dificultad de enseñar a los jóvenes que la libertad no implica la ausencia de límites, sino la capacidad de decidir dentro de un marco de responsabilidad y respeto.

Aquí surge el concepto de "libertad con responsabilidad," que implica que los jóvenes entiendan que sus decisiones tienen consecuencias no solo para ellos mismos, sino para los demás. Para construir un liderazgo ético, es necesario enseñar que la verdadera libertad no radica en hacer lo que uno quiere, sino en hacer lo que es correcto, basándose en principios sólidos.

Impacto del Relativismo en los Valores

Otro de los desafíos en la educación moderna es el relativismo, que sostiene que no hay verdades absolutas y que cada persona puede definir sus propios valores. Esto puede ser beneficioso en términos de diversidad y tolerancia, pero también puede debilitar la capacidad de los jóvenes para discernir entre lo correcto y lo incorrecto. La falta de valores absolutos puede llevar a una falta de compromiso y a una cultura en la que se prioriza la satisfacción personal por encima de la responsabilidad social.

Por ello, una parte crucial de este libro será ofrecer herramientas para que los jóvenes puedan desarrollar un sistema de valores claro y coherente, que les permita tomar decisiones informadas y éticas en un mundo cada vez más complejo.

Reflexión Final de la Sección

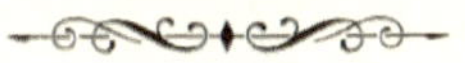

La educación del liderazgo en tiempos modernos implica, entonces, no solo la transmisión de conocimientos, sino también la formación de individuos conscientes de sus derechos y deberes, capaces de enfrentar desafíos éticos y de actuar con integridad en un mundo de cambios constantes.

Padres y educadores tienen el reto de enseñar a los jóvenes que, en un mundo donde los derechos individuales son fundamentales, la convivencia y el respeto a los demás no son opcionales. El liderazgo ético debe basarse en la comprensión de que los derechos, y la capacidad de entender que las libertades implican también obligaciones y límites. Para lograr esto, es fundamental una educación que fomente la reflexión crítica, la empatía y la capacidad de actuar con responsabilidad.

Este libro ofrece, un camino hacia el desarrollo de jóvenes líderes que, guiados por sus padres y educadores, puedan hacer frente a los desafíos del siglo XXI. Con esto en mente, se presenta una guía integral para equilibrar autonomía, responsabilidad, derechos y disciplina, construyendo una generación de jóvenes que valoren tanto sus derechos como los de los demás.

2

Autonomía y Responsabilidad:
Construyendo un Carácter Ético

El Valor de la Autonomía

La autonomía es una de las cualidades más valoradas en la educación moderna y, a la vez, uno de los desafíos más complejos para padres y educadores. Ser autónomo implica tener la capacidad de actuar por cuenta propia, tomar decisiones y hacerse responsable de los propios actos. Esta capacidad es fundamental en un mundo en el que los jóvenes deben enfrentarse a problemas complejos y tomar decisiones por sí mismos. Sin embargo, el verdadero reto radica en fomentar esta independencia sin caer en la permisividad o el abandono de los valores fundamentales.

Para formar jóvenes autónomos y responsables, es esencial comprender que la autonomía no es sinónimo de "hacer lo que se quiere." Ser autónomo no significa actuar sin límites, sino tomar decisiones informadas, considerando las consecuencias y valores éticos que guían el comportamiento. Para muchos padres y educadores, fomentar la autonomía en los jóvenes puede ser difícil, ya que a menudo surge el temor de que la independencia conduzca a la rebeldía o a un comportamiento irresponsable.

Para superar este desafío, es crucial definir claramente los límites y reglas dentro de los cuales los jóvenes pueden tomar decisiones. Los límites no deben ser arbitrarios; al contrario, deben basarse en valores como el respeto, la honestidad y la responsabilidad. Los adultos deben explicar el propósito de las reglas, mostrando cómo contribuyen al bienestar propio y al de los demás. Así, los jóvenes pueden comprender que la autonomía no es solo libertad, sino también una forma de expresar responsabilidad y madurez.

Fomentando la Toma de Decisiones

Los jóvenes deben tener oportunidades para practicar la toma de decisiones desde una edad temprana. Por ejemplo, en lugar de decidir por ellos en situaciones cotidianas, los padres y educadores pueden brindar opciones y animar a los jóvenes a tomar sus propias decisiones, siempre guiándolos para que reflexionen sobre las posibles consecuencias. Esto puede aplicarse en actividades pequeñas, como elegir cómo organizar sus estudios, o en decisiones más significativas, como participar en actividades extracurriculares.

Evitar la Permisividad

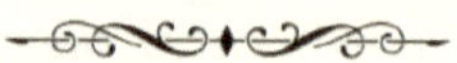

La permisividad ocurre cuando los adultos permiten que los jóvenes actúen sin guías ni límites claros. Aunque puede parecer una forma de dar libertad, en realidad limita la capacidad de los jóvenes para desarrollar autocontrol y entender la importancia de sus decisiones. En cambio, al establecer límites claros y fundamentados, los jóvenes aprenden que la autonomía va de la mano con la responsabilidad, y que las decisiones tienen consecuencias reales.

Responsabilidad como Valor Central

La responsabilidad es el pilar sobre el cual se construye un carácter ético. A diferencia de la autonomía, que implica la capacidad de tomar decisiones por uno mismo, la responsabilidad se centra en el compromiso de asumir las consecuencias de esas decisiones y en la capacidad de responder adecuadamente ante los errores y aciertos. Sin responsabilidad, la autonomía se convierte en libertinaje, ya que los jóvenes no comprenderán el impacto de sus acciones.

Para que los jóvenes desarrollen un sentido de responsabilidad genuino, deben aprender a asumir las consecuencias de sus actos. Esto implica entender que cada acción tiene un efecto en los demás y en sí mismos. Los padres y educadores deben enseñar que los errores no son fracasos, sino oportunidades de aprendizaje. En lugar de castigar, es más efectivo ayudar al joven a reflexionar sobre su error y encontrar una solución o reparar el daño causado. Esto fomenta una mentalidad de crecimiento y les permite aprender de sus experiencias.

Modelando la Responsabilidad

Los jóvenes aprenden en gran medida a través del ejemplo. Si los adultos demuestran responsabilidad en su propio comportamiento y están dispuestos a asumir las consecuencias de sus actos, los jóvenes comprenderán mejor lo que significa ser responsable. Los padres y educadores pueden compartir experiencias en las que enfrentaron consecuencias de sus decisiones y cómo aprendieron de ellas. Esta transparencia les permite ver que la responsabilidad es un valor que todos deben practicar, sin importar la edad.

Estableciendo Consecuencias Naturales y Lógicas

Para enseñar la responsabilidad de manera efectiva, es importante establecer consecuencias naturales y lógicas en lugar de castigos arbitrarios. Las consecuencias naturales son aquellas que ocurren de forma inevitable tras una acción; por ejemplo, si un joven no estudia, es probable que sus notas sean bajas. Las consecuencias lógicas, por otro lado, son aquellas que están directamente relacionadas con la acción que el adulto establece con el fin de enseñar. Por ejemplo, si un joven llega tarde a casa, una consecuencia lógica sería restringir temporalmente sus salidas nocturnas. Este tipo de consecuencias enseñan que los actos tienen efectos tangibles y ayudan a los jóvenes a reflexionar sobre sus decisiones.

Fomentar el Compromiso y la Perseverancia

La responsabilidad también implica cumplir con los compromisos asumidos, ya sea en el ámbito académico, en actividades extracurriculares o en la vida personal. Los adultos pueden enseñar a los jóvenes a cumplir sus promesas y obligaciones, recordándoles que la responsabilidad no se trata solo de responder por los errores, sino también de perseverar y mantenerse firmes en sus compromisos.

Actividades Prácticas

Para ayudar a los padres y educadores en la implementación de la autonomía y la responsabilidad, aquí se presentan algunas actividades prácticas que pueden realizarse tanto en el hogar como en el aula.

1. Diario de Decisiones y Consecuencias:

Invitar a los jóvenes a llevar un diario en el que registren decisiones importantes que tomen y las consecuencias que experimenten. Esto les ayudará a desarrollar una mayor conciencia sobre cómo sus acciones afectan su vida y la de los demás. Los padres y educadores pueden reunirse con ellos periódicamente para revisar el diario y hablar sobre sus reflexiones.

2. Simulaciones de Situaciones Cotidianas:

Organizar simulaciones de situaciones cotidianas que requieran tomar decisiones responsables, como gestionar un presupuesto limitado, resolver un conflicto entre amigos, o priorizar tareas. Estas simulaciones permiten a los jóvenes practicar la toma de decisiones en un entorno seguro y reflexionar sobre las consecuencias de sus elecciones.

3. Proyectos de Responsabilidad Social:

Involucrar a los jóvenes en proyectos de responsabilidad social, como actividades de voluntariado o iniciativas comunitarias. Estas experiencias les enseñan la importancia de la responsabilidad hacia la comunidad y les muestran cómo sus acciones pueden tener un impacto positivo en el mundo que los rodea.

4. Juego de Roles para Resolución de Problemas Éticos:

Organizar actividades de juego de roles en las que los jóvenes se pongan en el lugar de personajes que enfrentan dilemas éticos. Esto puede incluir situaciones como la presión de grupo para tomar una mala decisión o la necesidad de defender a un compañero en apuros. Después de la actividad, se puede llevar a cabo una discusión para reflexionar sobre las decisiones tomadas y las consecuencias.

5. Contratos de Responsabilidad:

Los contratos de responsabilidad son acuerdos escritos que los jóvenes pueden firmar con sus padres o profesores en los que se comprometen a cumplir con ciertas normas y asumir las consecuencias de sus actos. Estos contratos no deben ser vistos como castigos, sino como una herramienta que fomente la reflexión y el compromiso. Los contratos pueden incluir metas académicas, reglas de convivencia o compromisos familiares, y deben revisarse periódicamente para evaluar el progreso y hacer ajustes.

6. Autoevaluación de Tareas y Proyectos:

En el ámbito académico, permitir que los jóvenes realicen autoevaluaciones de sus tareas y proyectos. Este ejercicio les enseña a ser honestos consigo mismos y a reconocer tanto sus fortalezas como sus áreas de mejora. Además, les permite asumir la responsabilidad de su propio aprendizaje y valorar la importancia del esfuerzo personal.

7. Actividades de Planificación y Organización:

Enseñar a los jóvenes a organizar su tiempo y establecer prioridades mediante la creación de un calendario de tareas o una lista de objetivos semanales. Esta actividad les ayuda a asumir la responsabilidad de sus compromisos y a desarrollar habilidades de planificación esenciales para su crecimiento personal y académico.

8. Reflexión sobre Errores y Aprendizaje:

Dedicar momentos a la reflexión sobre errores cometidos en el pasado y las lecciones aprendidas. Tanto en casa como en la escuela, los jóvenes pueden realizar esta actividad individualmente o en grupo, compartiendo experiencias y analizando cómo los errores pueden ser oportunidades para mejorar.

9. Debates Éticos en el Aula o en Casa:

Organizar debates en los que se planteen dilemas éticos y se fomente la argumentación y el respeto a diferentes puntos de vista. Esta actividad permite que los jóvenes practiquen la autonomía de pensamiento y la responsabilidad de defender sus puntos de vista de manera ética y reflexiva.

10. Reconocimiento de Logros en Responsabilidad:

Crear un sistema de reconocimiento para aquellos jóvenes que demuestren un comportamiento responsable, ya sea en sus estudios, en sus relaciones personales o en la comunidad. Este reconocimiento no debe ser visto como un premio material, sino como una forma de destacar la importancia de la responsabilidad y de motivar a los jóvenes a seguir actuando éticamente.

Reflexión Final de la Sección

Fomentar la autonomía y la responsabilidad en los jóvenes es un proceso complejo que requiere paciencia, coherencia y compromiso. A través de un enfoque basado en el respeto y el aprendizaje de las consecuencias, padres y educadores pueden formar individuos que no solo sean autónomos, sino también responsables y éticos. La combinación de estas cualidades es la basc de un carácter sólido y de un liderazgo ético, que les permitirá tomar decisiones sabias y actuar con integridad en todos los ámbitos de su vida.

La autonomía y la responsabilidad, trabajadas conjuntamente, permiten que los jóvenes no solo se desarrollen en un entorno de libertad, sino también en un marco de respeto y compromiso con la sociedad..

3

Ética y Derechos: Formando una Conciencia Social

Ética en el Contexto de Derechos Humanos

Enseñar ética y derechos humanos a los jóvenes es un paso crucial para formar ciudadanos conscientes y responsables. En la actualidad, los niños y adolescentes están expuestos a debates sobre justicia, igualdad y derechos, lo que plantea una oportunidad educativa fundamental para ayudarlos a comprender cómo la ética y los derechos se relacionan y se fortalecen mutuamente.

La ética proporciona los principios que guían nuestras acciones, promoviendo valores como la honestidad, la justicia, y el respeto hacia los demás. Los derechos humanos, por su parte, son las garantías fundamentales que protegen la dignidad de cada persona. Estos dos conceptos no están en conflicto; al contrario, se complementan de forma que uno no puede existir plenamente sin el otro. Un comportamiento ético asegura el respeto por los derechos ajenos, mientras que los derechos humanos son un marco que protege la libertad de cada individuo para vivir de acuerdo con sus principios éticos.

Para los jóvenes, puede resultar difícil ver esta conexión si no se les proporciona una educación que integre ambos aspectos. Los padres y educadores juegan un papel esencial en mostrar cómo el respeto a los derechos humanos es un deber ético. Pueden, por ejemplo, plantear preguntas como:

1. ¿Por qué es importante respetar los derechos de los demás?
2. ¿Cómo afecta a una comunidad cuando alguien actúa de manera ética?

Estos cuestionamientos ayudan a los jóvenes a comprender que la ética no solo tiene que ver con su comportamiento individual, sino también con su responsabilidad hacia la sociedad en su conjunto.

Estrategias para Integrar Ética y Derechos Humanos

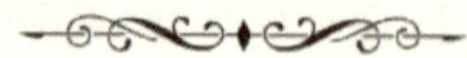

1. Discusión de Situaciones Cotidianas:

Utilizar ejemplos de situaciones cotidianas en las que los derechos de alguien puedan estar en riesgo. Esto puede incluir problemas de discriminación, justicia en el aula, o respeto hacia las opiniones de otros. Los jóvenes pueden analizar estas situaciones desde una perspectiva ética y de derechos humanos, discutiendo posibles soluciones que respeten los valores de justicia y respeto.

2. Estudio de Casos Históricos: Analizar eventos históricos en los que los derechos humanos fueron vulnerados, como los movimientos de derechos civiles o la lucha por la igualdad de género. Este ejercicio ayuda a los jóvenes a ver las consecuencias de la falta de ética en la sociedad y cómo el respeto a los derechos humanos es una base para la paz y la justicia social.

3. Definición de un Código de Conducta Ética: En el aula o en casa, los jóvenes pueden trabajar en la creación de un código de conducta basado en principios éticos y derechos humanos. Este código puede incluir valores como el respeto, la igualdad, y la justicia, y sirve como guía para el comportamiento y la toma de decisiones.

Desarrollo de la Empatía

La empatía es la capacidad de ponerse en el lugar de los demás, entender sus emociones y perspectivas, y es un componente esencial para construir una conciencia social ética. Sin empatía, los jóvenes pueden conocer los derechos humanos en teoría, pero carecerán de la sensibilidad necesaria para aplicarlos en la práctica. Fomentar la empatía permite que los jóvenes comprendan no solo que todos merecen respeto, sino también por qué.

Desarrollar la empatía en los jóvenes comienza con ayudarlos a reconocer y validar las emociones propias y ajenas. Esto implica escuchar activamente, mostrar interés por las experiencias de los demás, y aprender a reaccionar de forma constructiva. Las actividades que desarrollan la empatía deben ser intencionadas y diversas, ya que los jóvenes pueden tener diferentes maneras de expresar y entender esta habilidad.

Estrategias para Fomentar la Empatía

1. Narración de Historias:

Invitar a los jóvenes a leer o escuchar historias de personas de diferentes culturas, contextos, y experiencias de vida. La narración de historias permite que los jóvenes comprendan las luchas y alegrías de otras personas y desarrollen una visión más inclusiva y comprensiva del mundo.

2. Role-Playing de Situaciones de Injusticia:

Realizar actividades en las que los jóvenes asumen roles de personas que enfrentan injusticias o dificultades. Por ejemplo, uno de ellos puede representar a una persona que sufre discriminación, mientras que otro puede ser el observador o el causante de la discriminación. Después de la actividad, se realiza una reflexión sobre los sentimientos experimentados y cómo se pueden aplicar principios éticos para resolver la situación.

3. Prácticas de Escucha Activa:

Enseñar a los jóvenes a escuchar sin interrumpir y con una mente abierta cuando alguien comparte sus pensamientos o experiencias. Esta práctica es particularmente importante en el hogar y en el aula, donde los jóvenes deben aprender a prestar atención y validar las emociones y opiniones de los demás, incluso si no están de acuerdo.

Ejercicios de Reflexión: Práctica de Decisiones Éticas

El aprendizaje teórico de la ética y los derechos humanos es fundamental, pero la verdadera formación en este ámbito se logra mediante la práctica y la reflexión. Aquí se proponen varios ejercicios que padres y educadores pueden implementar para que los jóvenes practiquen la toma de decisiones éticas en contextos reales o simulados. Estas actividades ayudarán a los jóvenes a internalizar los valores éticos y aplicar los principios de derechos humanos en su vida cotidiana.

1. Decisiones Éticas en el Contexto Escolar

Descripción: Crear escenarios escolares en los que se presenten dilemas éticos. Por ejemplo, una situación en la que alguien esté siendo excluido por sus compañeros de clase o en la que un joven tenga la oportunidad de hacer trampa en un examen. Después de presentar el dilema, los jóvenes pueden discutir en grupos y proponer soluciones basadas en valores éticos y derechos.

Reflexión: Al finalizar el ejercicio, los jóvenes deben reflexionar sobre cómo sus decisiones pueden afectar tanto su vida como la de los demás. Se les puede pedir que compartan lo que han aprendido y cómo aplicarían esa experiencia en el futuro.

2. Decisiones Éticas en el Uso de Redes Sociales

Descripción: Dado que los jóvenes pasan una gran cantidad de tiempo en redes sociales, es crucial enseñarles cómo tomar decisiones éticas en este entorno.

Por ejemplo, se les puede preguntar cómo reacciona-rían ante una publicación ofensiva o cómo protegerían su privacidad y la de los demás. Los jóvenes pueden reflexionar sobre los límites éticos en la divulgación de información personal o en la interacción con otras personas en línea.

Reflexión: En una discusión posterior, se puede analizar cómo el respeto y la ética son fundamentales para una convivencia digital sana. Los jóvenes deben reflexionar sobre cómo sus decisiones en redes socia-les pueden tener efectos duraderos y cómo pueden contribuir a un ambiente respetuoso y seguro en línea.

3. Tomando Decisiones Éticas en la Comunidad

Descripción: Invitar a los jóvenes a observar su co-munidad y analizar situaciones en las que puedan apli-car la ética y los derechos humanos. Esto puede in-cluir cuestiones como el respeto hacia el medio am-biente, la ayuda a vecinos mayores o en necesidad, o el respeto a la diversidad cultural en su entorno.

Reflexión: Al final del ejercicio, los jóvenes pue-den compartir lo que observaron y cómo podrían con-tribuir a mejorar su comunidad mediante acciones éti-cas y respetuosas de los derechos humanos.

4. Simulación de Debates Éticos sobre Temas de Actualidad

Descripción: Organizar debates en los que los jóvenes discutan temas actuales que involucren dilemas éticos y derechos humanos. Por ejemplo, el cambio climático, la igualdad de género, o la libertad de expresión. Los jóvenes pueden investigar el tema, analizar diferentes perspectivas y expresar sus opiniones de manera respetuosa y fundamentada.

Reflexión: Tras el debate, los participantes pueden reflexionar sobre cómo el respeto hacia las opiniones diferentes es fundamental para una sociedad justa y ética. Además, este ejercicio les ayuda a desarrollar habilidades de comunicación y a comprender que los derechos humanos son la base para el diálogo y la convivencia.

Reflexión Final de la Sección

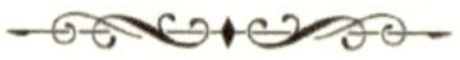

La ética y los derechos humanos son pilares fundamentales en la formación de una conciencia social sólida. Al enseñar a los jóvenes a reconocer el valor de ambos, estamos formando a ciudadanos capaces de construir un mundo más justo y respetuoso. En un entorno en el que la individualidad a menudo se enfatiza, es vital recordar que vivir en sociedad requiere empatía y compromiso con los derechos de todos.

Los ejercicios propuestos son herramientas prácticas para que los jóvenes comprendan que la ética y los derechos no son conceptos abstractos, sino elementos esenciales de la vida cotidiana. Con una educación que promueva estos valores, los jóvenes estarán mejor preparados para enfrentar los desafíos de su tiempo y contribuir activamente a una sociedad más inclusiva y ética..

4

Comunicación y Resolución de Conflictos: Habilidades Clave para la Vida

En un mundo cada vez más interconectado y diverso, la habilidad de comunicarse eficazmente y resolver conflictos de manera saludable es esencial para el desarrollo de los jóvenes. Estas habilidades no solo les permiten mantener relaciones armoniosas y productivas, sino también enfrentar los desafíos y desacuerdos de la vida diaria con seguridad y respeto hacia los demás.

El objetivo de este capítulo es proporcionar a padres, educadores y a los propios jóvenes herramientas prácticas para desarrollar una comunicación efectiva y una resolución de conflictos basada en la empatía, el respeto y la colaboración.

Comunicación Efectiva

La comunicación efectiva es la capacidad de expresar ideas, pensamientos y sentimientos de forma clara y asertiva, respetando al mismo tiempo las opiniones de los demás. Esta habilidad es fundamental para que los jóvenes desarrollen la confianza en sí mismos y construyan relaciones basadas en la honestidad y el respeto mutuo.

Técnicas para la Comunicación Efectiva

1. Escucha Activa

La escucha activa es una de las técnicas más importantes para una comunicación efectiva. Consiste en prestar atención total al interlocutor, demostrando interés en lo que está diciendo sin interrumpir ni juzgar. La escucha activa fomenta la empatía y permite a los jóvenes entender mejor las perspectivas y emociones de los demás.

Ejercicio: Pídeles a los jóvenes que, en una conversación, se concentren solo en escuchar sin interrumpir, asintiendo para mostrar que están atentos. Luego, deben resumir lo que la otra persona ha dicho para asegurarse de que comprendieron correctamente. Este ejercicio les ayuda a practicar la paciencia y la empatía.

2. Uso del Lenguaje Corporal

El lenguaje corporal, como el contacto visual, la postura y los gestos, juega un papel crucial en la comunicación. Enseñar a los jóvenes a mantener un lenguaje corporal abierto y receptivo les ayuda a transmitir interés y respeto hacia los demás.

- Ejercicio: Realizar una actividad en la que se comuniquen sin hablar, usando solo el lenguaje corporal para expresar emociones. Luego, se discuten las interpretaciones de cada gesto y postura, ayudando a los jóvenes a entender la importancia del lenguaje no verbal.

3. Hablar en Primera Persona

Utilizar "yo" en lugar de "tú" cuando se habla sobre los sentimientos propios ayuda a evitar acusaciones y a expresar de manera responsable las emociones. Por ejemplo, en lugar de decir "Tú siempre haces…" es más efectivo decir "Yo me siento…".

- Ejercicio: Hacer que los jóvenes transformen frases acusatorias en frases en primera persona. Esto les enseña a responsabilizarse de sus propias emociones sin culpar a los demás y a comunicar sus sentimientos de forma respetuosa.

4. Claridad y Concisión

La claridad es fundamental en la comunicación efectiva. Ayudar a los jóvenes a expresar sus pensamientos de manera breve y directa reduce las posibilidades de malentendidos y permite una conversación más fluida.

- Ejercicio: Proponer un tema y pedirles a los jóvenes que expresen su opinión en una o dos frases. La actividad les ayuda a organizar sus pensamientos y a comunicar ideas de manera concisa y precisa.

Resolución de Conflictos

El conflicto es inevitable en cualquier relación o contexto social, y aprender a gestionarlo de forma constructiva es una habilidad esencial para la vida. Enseñar a los jóvenes a resolver conflictos de manera conciliadora les proporciona herramientas para enfrentar el desacuerdo sin recurrir a la agresividad o al retraimiento. Una resolución de conflictos efectiva promueve el respeto mutuo y ayuda a construir relaciones sólidas y duraderas.

Métodos para la Resolución de Conflictos

1. Identificación de la Causa del Conflicto

A menudo, el primer paso para resolver un conflicto es entender su causa real. Los jóvenes deben aprender a reflexionar sobre el origen del problema en lugar de reaccionar de inmediato. Esto implica preguntar:

1. ¿Qué es lo que realmente me molesta?
2. ¿Por qué esto me afecta de esta manera?

- Ejercicio: Pedirles a los jóvenes que piensen en un conflicto reciente y describan la causa sin juzgar a la otra persona. Este ejercicio promueve la autocomprensión y la responsabilidad en las relaciones.

2. Desarrollo de una Actitud Empática

La empatía es crucial en la resolución de conflictos. Implica ponerse en el lugar de la otra persona y tratar de entender sus motivos y sentimientos. Este enfoque ayuda a reducir la tensión y a encontrar soluciones que beneficien a ambas partes.

- Ejercicio: Realizar una actividad de "intercambio de roles" donde los jóvenes representen el punto de vista de la otra persona en el conflicto. Luego, pueden expresar lo que sintieron al ver el conflicto desde otra perspectiva, fomentando así la comprensión mutua.

3. Búsqueda de Soluciones Colaborativas

La resolución de conflictos debe centrarse en encontrar soluciones que funcionen para ambas partes en lugar de "ganar" el argumento. Los jóvenes pueden trabajar en la búsqueda de compromisos y acuerdos que beneficien a todos.

- Ejercicio: Simular una situación de conflicto y dividir a los jóvenes en grupos para que encuentren una solución colaborativa. Luego, cada grupo presenta su propuesta y discuten los beneficios de trabajar juntos en vez de competir.

4. Control de las Emociones

En el calor de un conflicto, las emociones pueden nublar el juicio y llevar a reacciones impulsivas. Ayudar a los jóvenes a reconocer y regular sus emociones antes de reaccionar es fundamental para una resolución de conflictos efectiva.

- Ejercicio: Enseñar técnicas de respiración y meditación breves para aplicar cuando se sientan frustrados o enojados. Esto les permite calmarse y abordar el conflicto desde un estado mental más sereno.

Ejercicios de Comunicación

1. Juego de Roles: Situaciones Cotidianas

Organizar una actividad en la que los jóvenes representen situaciones cotidianas de conflicto y practiquen técnicas de comunicación y resolución de conflictos. Por ejemplo, uno de ellos puede interpretar a un amigo que llega tarde o a un compañero que ha sido despectivo. Luego de cada actuación, se discuten los sentimientos y la efectividad de las técnicas aplicadas.

- Objetivo: Este ejercicio les ayuda a identificar sus propias reacciones y a ensayar respuestas alternativas para resolver los conflictos de manera positiva.

2. Debates Controlados sobre Temas de Interés

Los debates son una excelente oportunidad para que los jóvenes practiquen la comunicación efectiva, la escucha activa y el respeto hacia puntos de vista diferentes. Se pueden elegir temas de interés y dividir a los participantes en grupos que presenten diferentes posiciones.

- Objetivo: Ayudar a los jóvenes a expresarse de manera estructurada y respetuosa, incluso en desacuerdos. Aprenden a escuchar, evaluar argumentos y a responder con respeto.

3. Dinámica de "La Cadena de la Escucha"

En este ejercicio, cada joven debe repetir lo que su compañero ha dicho antes de expresar su propia opinión. Esto les obliga a escuchar atentamente y a confirmar que han entendido correctamente antes de responder.

- Objetivo: Fomentar la escucha activa y reducir los malentendidos. Ayuda a los jóvenes a practicar la empatía y a reconocer la importancia de comprender las perspectivas de los demás.

4. "Las Cartas de Resolución"

Se le pide a cada joven que escriba una "carta de resolución" dirigida a una persona con la que ha tenido un conflicto, sin entregarla necesariamente. La carta debe incluir los sentimientos del joven, una explicación de la situación y una propuesta de solución.

- Objetivo: La actividad ayuda a los jóvenes a expresar sus sentimientos de forma estructurada y reflexiva, sin la presión de una confrontación directa. Es una práctica que promueve la autocomprensión y la búsqueda de soluciones pacíficas.

Reflexión final de la Sección

La habilidad de comunicarse efectivamente y resolver conflictos es esencial para el desarrollo emocional y social de los jóvenes. Estas competencias no solo mejoran las relaciones personales, sino que también les proporcionan herramientas para enfrentar los desafíos de la vida con confianza y respeto.

A través de los ejercicios y estrategias propuestos en este capítulo, los jóvenes pueden aprender a expresar sus emociones de manera respetuosa, a comprender las perspectivas de los demás y a encontrar soluciones que beneficien a ambas partes en un conflicto. Con estas habilidades, los jóvenes estarán mejor preparados para contribuir a una sociedad más armoniosa y colaborativa, donde las diferencias se resuelven a través del diálogo y el respeto mutuo.

5

Liderazgo y Cooperación

Más Allá de la Competencia

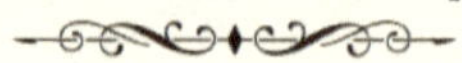

En la actualidad, el liderazgo efectivo y la cooperación se han convertido en habilidades esenciales para la vida, más allá del entorno escolar o profesional. Formar jóvenes líderes no implica únicamente enseñarles a asumir la autoridad, sino también a guiar con empatía, respeto y responsabilidad hacia los demás. Este tipo de liderazgo va de la mano con la cooperación, donde el éxito personal se equilibra con el éxito del grupo, fomentando una visión donde los logros se construyen en conjunto.

Este capítulo se centra en cómo inculcar en los jóvenes conceptos de liderazgo positivo y valores de cooperación, aportándoles herramientas para convertirse en líderes comprometidos que sepan construir puentes en lugar de muros.

Conceptos de Liderazgo Positivo

El liderazgo positivo se basa en el poder de inspirar y motivar a los demás desde la empatía, el respeto y la integridad. A diferencia de una concepción tradicional de liderazgo basada en la autoridad y el control, el liderazgo positivo invita a los jóvenes a ser modelos de conducta y a utilizar su influencia para el bien común.

1. Liderazgo con Empatía

Un líder empático entiende y valora las emociones, necesidades y preocupaciones de los demás. La empatía permite a los jóvenes conectarse genuinamente con quienes los rodean y crear un ambiente de confianza. Este tipo de liderazgo inspira a otros no por imposición, sino porque sienten que sus intereses son comprendidos y respetados.

- Ejemplo: Imaginen a un estudiante que lidera un equipo en una actividad escolar y, al ver que uno de sus compañeros está teniendo dificultades, se detiene para ofrecerle ayuda y apoyo. Este líder no solo guía al equipo hacia el logro de los objetivos, sino que también se preocupa por el bienestar de cada miembro.

2. Liderazgo Ético

Un líder ético actúa con integridad, mostrando coherencia entre sus valores y sus acciones. Enseñar a los jóvenes a liderar desde la ética implica que comprendan la importancia de la honestidad, el respeto y la responsabilidad. Un líder ético también se compromete a tomar decisiones que beneficien al grupo y a actuar de manera justa.

- Ejemplo: Un joven que, frente a una oportunidad de tomar ventaja injusta en un proyecto escolar, decide renunciar a ese beneficio para mantenerse fiel a sus principios. Su ejemplo inspira a los demás a valorar la honestidad por encima de los logros inmediatos.

3. Liderazgo Inspirador

Un líder inspirador es aquel que motiva a los demás a dar lo mejor de sí mismos. En lugar de concentrarse en órdenes o normas rígidas, un líder inspirador es un ejemplo viviente de esfuerzo, dedicación y compromiso. Este tipo de liderazgo es especialmente eficaz con los jóvenes, quienes responden con entusiasmo cuando ven modelos a seguir cercanos y accesibles.

- Ejemplo: Un adolescente que decide organizar una actividad de voluntariado en su comunidad para ayudar a personas necesitadas, inspirando a sus amigos y familiares a unirse a su causa. Su compromiso con la causa muestra que el liderazgo no es solo una posición de autoridad, sino una forma de acción y servicio.

Fomentando la Cooperación

La cooperación es un valor fundamental en la construcción de relaciones saludables y productivas. En un entorno colaborativo, los jóvenes aprenden que el éxito no es solo individual, sino colectivo, y que el trabajo en equipo puede lograr más que los esfuerzos individuales. Para fomentar la cooperación, es esencial enseñarles la importancia de la colaboración, el respeto mutuo y la capacidad de reconocer las fortalezas de los demás.

1. Trabajo en Equipo

El trabajo en equipo permite a los jóvenes aprender que cada persona aporta habilidades y perspectivas únicas. Al trabajar en conjunto, se crean sinergias que enriquecen la experiencia y facilitan la resolución de problemas. El trabajo en equipo también enseña a los jóvenes a valorar las contribuciones de los demás y a ser flexibles ante la diversidad de opiniones y estilos de trabajo.

- Ejercicio: Proponer actividades grupales donde los jóvenes deban completar una tarea compleja. Por ejemplo, construir un proyecto de ciencias o planear una campaña de reciclaje. El objetivo es que cada miembro desempeñe un rol específico y se apoyen mutuamente para lograr el objetivo común.

2. Reconocimiento de Habilidades y Fortalezas

Aprender a reconocer y valorar las habilidades y fortalezas de los demás es clave para la cooperación efectiva. Esta capacidad permite que los jóvenes desarrollen una visión positiva de sus compañeros, entendiendo que cada persona tiene algo valioso que aportar.

- Ejercicio: Realizar una dinámica donde cada miembro del grupo mencione una habilidad positiva de cada compañero. Esto ayuda a construir un ambiente de respeto y reconocimiento mutuo, donde cada miembro se siente valorado por su aportación única.

3. Resolución Colaborativa de Problemas

En un contexto de cooperación, los problemas y desafíos se enfrentan en conjunto. La resolución colaborativa de problemas enseña a los jóvenes a pensar en soluciones que beneficien a todos y a valorar las ideas de los demás.

- Ejercicio: Presentar una situación de conflicto que requiera una solución creativa y pedir a los jóvenes que trabajen juntos para resolverlo. Al final, cada equipo debe presentar su propuesta y explicar cómo tomaron en cuenta las ideas de todos sus miembros.

Actividades y Ejercicios para Fomentar el Liderazgo y la Cooperación

1. Juego de Roles: El Líder de la Semana

En este ejercicio, cada joven asume el papel de líder durante una semana, coordinando una actividad o tarea específica. Esta experiencia permite a los jóvenes comprender las responsabilidades del liderazgo y practicar habilidades como la empatía, la organización y la comunicación.

2. Creación de un Proyecto de Servicio Social

Proponer a los jóvenes desarrollar un proyecto de servicio social en su comunidad, como una campaña de recolección de ropa o una jornada de limpieza. Este proyecto debe ser gestionado en equipo, lo que les permitirá experimentar la cooperación y el liderazgo en un entorno real.

3. Debates Colaborativos

Realizar debates donde, en lugar de defender una postura fija, los jóvenes busquen una solución común. Este ejercicio les permite practicar la escucha activa, el respeto y la búsqueda de consensos.

Reflexión Final de la Sección

El liderazgo y la cooperación son habilidades esenciales para el desarrollo de una sociedad equilibrada y justa. Al enseñar a los jóvenes que el verdadero liderazgo va más allá de la autoridad y que la cooperación enriquece los logros individuales, estamos formando una nueva generación de líderes comprometidos y empáticos. Estos jóvenes no solo serán capaces de dirigir, sino también de inspirar y construir un mundo donde el respeto, la empatía y la colaboración son la base de cada logro.

Enseñar a los jóvenes el valor de trabajar juntos para un objetivo común, así como la importancia de liderar con integridad y empatía, es un regalo que les servirá a lo largo de toda su vida.

6

El Equilibrio entre Libertad y Disciplina

El desarrollo de jóvenes responsables y seguros de sí mismos depende en gran medida de encontrar un balance adecuado entre libertad y disciplina. Para muchos padres y docentes, este equilibrio puede parecer difícil de alcanzar: ¿cómo se pueden permitir espacios de autonomía sin que se conviertan en una falta de estructura? ¿Cómo aplicar disciplina de manera firme, pero respetuosa y constructiva? En este capítulo exploramos cómo se puede lograr este balance, utilizando herramientas que fomenten un ambiente de respeto mutuo donde la libertad de los jóvenes se vea reforzada y guiada por una disciplina positiva.

Libertas con Limites

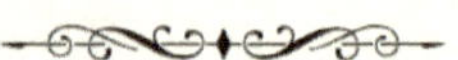

La libertad es esencial para que los jóvenes aprendan a tomar decisiones, expresar su individualidad y asumir responsabilidades. Sin embargo, una libertad sin límites claros puede llevar a la confusión y a la falta de autocontrol, mientras que una disciplina excesiva puede generar rebeldía o dependencia. Crear un ambiente de "libertad con límites" implica ofrecerles a los jóvenes la oportunidad de explorar y tomar decisiones, siempre dentro de un marco estructurado que les permita entender las consecuencias de sus actos y el valor de sus elecciones.

1. Estableciendo Límites Claros

Los límites no deben ser vistos como restricciones arbitrarias, sino como guías que ayudan a los jóvenes a comprender hasta dónde pueden llegar de manera segura y saludable. Estos límites necesitan ser coherentes, razonables y justificados para que los jóvenes los respeten y comprendan su propósito.

- Ejemplo: Si un adolescente desea salir con sus amigos, puede hacerlo siempre que regrese a la hora acordada. Este límite promueve la autonomía del joven al mismo tiempo que establece una norma que refuerza la responsabilidad y el respeto a los acuerdos familiares.

2. Diálogo y Acuerdos

Cuando se permite a los jóvenes participar en la creación de ciertos límites, estos se sienten más comprometidos a respetarlos. A través de conversaciones y acuerdos, los jóvenes entienden que sus opiniones son valoradas y que el propósito de las reglas es proteger y guiar, no controlar.

- Ejercicio: Invitar a los jóvenes a una conversación en la que expresen su opinión sobre ciertas normas y expliquen por qué las consideran importantes o no. Esto fomenta una comunicación abierta y ayuda a que ambos, padres y jóvenes, lleguen a acuerdos que sean aceptables y beneficiosos para ambos lados.

3. Fomentando la Autonomía con Responsabilidad

La autonomía debe ir acompañada de responsabilidad. Esto significa que, al permitirles tomar decisiones, también se les debe enseñar que esas decisiones tienen consecuencias. Este aprendizaje promueve en los jóvenes la capacidad de evaluar sus opciones y de asumir la responsabilidad de sus elecciones.

- Ejemplo: Permitir que un joven administre su propio dinero de bolsillo, pero también enseñarle a registrar sus gastos para que pueda aprender sobre presupuestos y ahorros. Este ejercicio les permite experimentar la libertad de manejar sus propios recursos y, al mismo tiempo, entender el valor de la responsabilidad financiera.

Disciplina Positiva

La disciplina positiva se basa en el respeto y la empatía, enfocándose en orientar y guiar, en lugar de imponer o castigar. En lugar de castigos autoritarios, la disciplina positiva busca corregir comportamientos de manera constructiva, promoviendo una relación de confianza y apoyo.

1. La Corrección Constructiva

La disciplina positiva se enfoca en corregir comportamientos sin desmoralizar ni humillar. En lugar de castigar, la corrección constructiva ofrece alternativas y soluciones que le permiten al joven aprender y mejorar sus conductas.

- Ejemplo: Si un joven no cumple con una responsabilidad, como hacer sus tareas, en lugar de imponerle un castigo, se le puede explicar cómo su falta de responsabilidad afecta su rendimiento. Luego, se le puede ofrecer apoyo para planificar mejor su tiempo y cumplir con sus tareas.

2. El Refuerzo Positivo

El refuerzo positivo premia las conductas deseadas, incentivando al joven a repetir esas conductas. Este enfoque es efectivo para promover comportamientos constructivos y para fortalecer la autoestima.

- Ejemplo: Si un joven muestra un comportamiento respetuoso o cumple con una responsabilidad sin necesidad de recordatorio, se le puede reconocer este esfuerzo. A veces, unas simples palabras de aprecio pueden reforzar mucho más que un premio material, ya que valoran su comportamiento desde el reconocimiento personal.

3. Alternativas al Castigo

En lugar de castigos, que tienden a centrarse en lo que no se debe hacer, la disciplina positiva ofrece alternativas que se centran en lo que sí se debe hacer. Esto puede incluir técnicas como el "tiempo fuera" reflexivo, donde el joven tiene un espacio para pensar sobre su comportamiento, o el "tiempo dentro", en el que el adulto participa en una actividad de reflexión conjunta con el joven.

- Ejemplo: Si un joven ha causado un conflicto en su grupo de amigos, en lugar de reprenderlo, se le puede invitar a reflexionar sobre cómo sus acciones afectaron a los demás y, luego, a encontrar una forma de reparar el daño causado. Este enfoque refuerza su sentido de responsabilidad y le ayuda a comprender las consecuencias de sus acciones.

Estrategias para Padres y Docentes

Para implementar un equilibrio efectivo entre libertad y disciplina, los padres y docentes pueden utilizar diferentes estrategias que promuevan el respeto mutuo, la comunicación abierta y la comprensión de los límites.

1. Consistencia en las Normas

Para que los límites sean respetados, deben ser consistentes y estables. Si las normas cambian constantemente o se aplican de manera arbitraria, los jóvenes pueden confundirse y perder el respeto por ellas. Los padres y educadores deben trabajar juntos para establecer reglas claras y coherentes que sean aplicadas de manera justa y uniforme.

- Consejo: Es útil crear una lista de normas básicas que se mantengan en el hogar o en el aula. Revisar estas normas periódicamente con los jóvenes también puede ayudar a mantenerlas relevantes y comprensibles para ellos.

2. Escuchar y Entender las Perspectivas de los Jóvenes

Los jóvenes son más propensos a respetar las normas cuando sienten que sus voces son escuchadas. Al escuchar y valorar sus puntos de vista, los padres y docentes pueden comprender mejor sus necesidades y preocupaciones, y ajustar las reglas de manera que se adapten a la realidad de los jóvenes.

- Consejo: Dedicar tiempo para tener conversaciones abiertas y sin prejuicios, en las que los jóvenes puedan expresar sus opiniones sin temor a ser juzgados. Esta estrategia no solo mejora la comunicación, sino que también fortalece el respeto y la confianza mutua.

3. Usar Consecuencias Naturales

Las consecuencias naturales permiten que los jóvenes comprendan el impacto de sus acciones sin necesidad de imponer un castigo. Esto ayuda a que comprendan que cada acción tiene una reacción, y que las consecuencias son parte natural de la vida.

- Ejemplo: Si un joven olvida hacer su tarea, la consecuencia natural puede ser recibir una calificación baja en lugar de un castigo impuesto por los padres. Este tipo de consecuencia es clara y lógica, permitiéndole ver la importancia de ser responsable sin que se sienta castigado.

4. Elaborar Planes de Acción Conjuntos

Crear planes de acción donde padres, docentes y jóvenes acuerden juntos ciertos objetivos o normas. Estos planes permiten que el joven sea parte activa del proceso, aumentando su compromiso y su motivación para cumplir con los acuerdos.

- Ejemplo: En lugar de imponer una lista de tareas domésticas o de estudio, se puede trabajar con el joven para crear un plan de tareas donde él participe en la organización y el compromiso con cada tarea. Esto permite que sienta que tiene control sobre sus responsabilidades y aumenta su sentido de responsabilidad.

5. Fomentar el Pensamiento Crítico

En lugar de decirle a los jóvenes lo que deben o no hacer, es útil ayudarles a reflexionar y a tomar decisiones informadas. El pensamiento crítico les permite evaluar sus opciones y tomar decisiones de manera autónoma, comprendiendo las posibles consecuencias de sus actos.

- Ejercicio: Proponer situaciones hipotéticas y pedir al joven que explique cómo reaccionaría ante cada situación, justificando sus decisiones. Este tipo de actividad fortalece su habilidad para tomar decisiones de manera reflexiva y fundamentada.

Reflexión final de la Sección

El equilibrio entre libertad y disciplina es un arte que requiere paciencia, comprensión y adaptación constante. Un ambiente donde los jóvenes se sienten libres para explorar y desarrollarse, pero también seguros en un marco de disciplina y límites, les brinda la estructura necesaria para crecer de manera sana y responsable.

Cuando los jóvenes aprenden que la libertad conlleva responsabilidad y que la disciplina puede ser una forma de orientación y no de control, adquieren herramientas para construir una vida equilibrada. Con el apoyo de padres y educadores comprometidos, los jóvenes pueden desarrollar una personalidad sólida y segura, donde la autonomía y el respeto a las normas coexisten de forma armoniosa.

Formar individuos que entiendan y respeten los límites, pero que también sean capaces de tomar decisiones autónomas y responsables, es uno de los mayores logros que podemos alcanzar como sociedad.

7

El Poder del Ejemplo: Inspirando a través de la Acción

En la formación de valores y principios, pocas herramientas son tan efectivas como el ejemplo. Los jóvenes, al observar el comportamiento de los adultos a su alrededor, aprenden sobre ética, respeto, responsabilidad y perseverancia de manera mucho más profunda que a través de palabras o lecciones formales. Este capítulo explora cómo el ejemplo puede ser una herramienta poderosa para inspirar y guiar, y cómo el comportamiento de los adultos en su vida cotidiana contribuye significativamente a moldear sus actitudes y decisiones.

El Ejemplo como Herramienta de Liderazgo

Los adultos tienen una responsabilidad implícita de liderar con sus acciones. Como modelos de referencia, los padres, maestros, y figuras de autoridad en general, tienen la capacidad de influir profundamente en el desarrollo de los jóvenes. Liderar con el ejemplo no implica perfección, sino coherencia y autenticidad. Cuando los jóvenes ven a los adultos enfrentar desafíos con integridad, admitir errores y actuar conforme a sus valores, reciben una enseñanza práctica sobre cómo vivir éticamente.

1. Modelar el Respeto y la Empatía

Los jóvenes observan y aprenden cómo tratar a los demás al ver cómo los adultos en su vida se comportan. Mostrar respeto y empatía, especialmente en situaciones difíciles, refuerza en ellos la importancia de estos valores. Los adultos que practican la escucha activa, que responden con amabilidad en lugar de agresividad y que demuestran comprensión ante las diferencias de los demás, ofrecen un modelo de interacción humana basada en el respeto mutuo.

- Ejemplo: Un maestro que toma el tiempo para escuchar los problemas personales de un estudiante y ofrece soluciones sin juzgar está transmitiendo un poderoso mensaje de empatía y comprensión. Los estudiantes ven en esta conducta una guía sobre cómo tratar a otros con respeto y consideración, incluso cuando los demás tienen dificultades.

2. La Coherencia entre Palabras y Acciones

La coherencia entre lo que se dice y lo que se hace es clave en el liderazgo, por ejemplo: los jóvenes observan si los adultos cumplen con lo que predican. La incoherencia entre palabras y acciones puede generar desconfianza y confusión, mientras que una conducta consistente transmite estabilidad y seguridad.

- Ejemplo: Un padre que fomenta el respeto hacia los demás, pero actúa con indiferencia o desprecio hacia otras personas, da un mensaje contradictorio. Por el contrario, un padre que predica la importancia de la honestidad y siempre se esfuerza por ser transparente en sus propias interacciones enseña a sus hijos que ser honesto es un valor fundamental.

3. Asumir Responsabilidades y Reconocer Errores

Los adultos también inspiran a través de la forma en que manejan sus propios errores y asumen responsabilidades. Admitir cuando se comete un error y tomar medidas para solucionarlo, lejos de ser una debilidad, es una demostración de integridad y fortaleza. Los jóvenes aprenden que los errores no definen a una persona, sino la manera en que los enfrenta.

- Ejemplo: Un entrenador que se disculpa con su equipo por una decisión equivocada y trabaja para corregirla enseña a sus jugadores el valor de la responsabilidad. Los jóvenes en su equipo verán esta actitud como un recordatorio de que ser responsable implica reconocer los propios errores y buscar mejorar.

Reflexión sobre las Influencias Cotidianas

Los mensajes que los jóvenes reciben a diario no solo provicnen de las palabras de los adultos, sino también de sus gestos, expresiones y reacciones. Cada pequeño acto, desde cómo tratamos a un desconocido hasta cómo manejamos el estrés o el fracaso, transmite un mensaje poderoso. La reflexión constante sobre nuestras propias actitudes y la influencia que pueden tener en los jóvenes ayuda a crear una influencia positiva en ellos.

1. Ser Conscientes de las Reacciones Emocionales

Los jóvenes son sensibles a las emociones de los adultos que los rodean. Si los adultos reaccionan ante

la frustración o el enojo de manera controlada y constructiva, los jóvenes aprenden a gestionar sus propias
emociones de manera similar. Por otro lado, las reacciones impulsivas o agresivas pueden fomentar actitudes negativas.

- Ejemplo: Un padre que maneja una situación difícil en el trabajo con calma y no lleva esa frustración
a casa, sino que opta por hablar abiertamente sobre
sus sentimientos, enseña a sus hijos cómo procesar
emociones de manera saludable y respetuosa.

2. Fomentar Actitudes Positivas ante los Desafíos

La actitud con la que los adultos enfrentan los
problemas y desafíos también marca la visión de los
jóvenes sobre la resiliencia. En lugar de quejarse o
rendirse, los adultos que mantienen una actitud positiva y buscan soluciones inspiran a los jóvenes a ser
resilientes y a no rendirse fácilmente.

- Ejemplo: Un maestro que enfrenta un obstáculo
en un proyecto de clase y que involucra a sus estudiantes en la búsqueda de soluciones está enseñando
una valiosa lección sobre trabajo en equipo y persis-
tencia ante los desafíos.

3. Transmitir el Valor de la Humildad

La humildad es una característica esencial en la formación de una persona ética y consciente de los demás. Los adultos que actúan con humildad, reconociendo tanto sus fortalezas como sus limitaciones, enseñan a los jóvenes a ser realistas sobre sus capacidades y a valorar a los demás sin menospreciar a nadie.

- Ejemplo: Un líder de grupo o entrenador que atribuye el éxito del equipo a todos los miembros en lugar de resaltar solo su propio esfuerzo muestra cómo la humildad contribuye a crear un ambiente de respeto y aprecio mutuo.

Ejemplos Inspiradores

Nada es más motivador que los relatos de personas que han marcado una diferencia en su entorno, demostrando a través de sus acciones un compromiso sólido con sus valores. Estos ejemplos de figuras inspiradoras pueden ayudar a los jóvenes a visualizar cómo los valores que aprenden en su hogar o escuela se pueden aplicar en la vida cotidiana para generar un impacto positivo.

1. El Activista Social que Lucha por la Justicia

Personas como Malala Yousafzai, quien defendió el derecho a la educación a pesar de las amenazas y riesgos que enfrentó, muestran a los jóvenes cómo la valentía y la determinación pueden tener un impacto global. Su ejemplo enseña que cada uno puede luchar por un ideal, y que los principios son dignos de defensa, incluso cuando la oposición es fuerte.

2. El Líder Empresarial Comprometido con la Responsabilidad Social

Figuras como el empresario Dan Price, que decidió reducir su salario para aumentar el de sus empleados, demuestran que es posible alcanzar el éxito financiero mientras se cuida del bienestar de otros. Ejemplos como este muestran a los jóvenes que se puede liderar una empresa con ética, promoviendo valores de igualdad y apoyo mutuo.

3. La Figura Comunitaria que Promueve la Unidad

Las personas que, sin ser famosas, logran marcar la diferencia en sus comunidades, como voluntarios o líderes de grupos vecinales, enseñan que cada acto de solidaridad y apoyo cuenta. Estos líderes locales pueden ser grandes ejemplos para los jóvenes, mostrándoles que no hace falta ser famoso o tener una gran audiencia para generar cambios positivos en el entorno.

Reflexión final de la Sección

El poder del ejemplo no solo moldea a los jóvenes, sino que también tiene un efecto transformador en quienes lo practican. Al esforzarnos por ser modelos positivos, creamos un ciclo de crecimiento y desarrollo que beneficia a toda la comunidad. Los jóvenes aprenden más de lo que ven que de lo que oyen, y el ejemplo diario, constante y coherente de los adultos que los rodean es una de las mayores influencias que pueden recibir en su camino hacia la madurez.

Ser un buen ejemplo no significa ser perfecto, sino actuar con autenticidad, reconocer los errores y vivir en coherencia con nuestros valores. De esta manera, los adultos se convierten en una fuente de inspiración genuina para los jóvenes, quienes, al ver estos valores en acción, estarán más inclinados a integrarlos en su propia vida.

Inspirar a través del ejemplo es una de las herramientas más poderosas en la formación de seres humanos responsables, empáticos y éticos, que pueden,

a su vez, inspirar a otros y crear un impacto positivo
en el mundo.

8

La Resiliencia como Base para el Futuro

El Valor de la Resiliencia

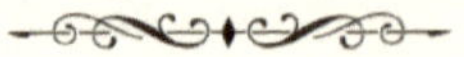

En la vida, el fracaso y la frustración son inevitables, y la manera en que respondemos a estas experiencias define gran parte de nuestro éxito y bienestar. Enseñar resiliencia no significa eliminar el dolor o evitar las caídas, sino aprender a enfrentarlos de forma constructiva. Los jóvenes resilientes son capaces de gestionar sus emociones ante las dificultades y recuperarse más rápidamente de las decepciones.

1. Enfrentar el Miedo al Fracaso

La sociedad actual, con su enfoque en el éxito y la perfección, puede llevar a los jóvenes a temer el fracaso. Sin embargo, cuando se les enseña a ver el fracaso como un paso en el camino hacia sus objetivos, aprenden a tomar riesgos de manera más segura y con menos ansiedad.

- Ejemplo: Un adolescente que no fue admitido en el equipo deportivo de su escuela puede sentirse frustrado, pero si se le motiva a continuar entrenando y mejorar, entenderá que el rechazo no es el final, sino una oportunidad para fortalecerse.

2. Desarrollar una Actitud Positiva ante los Retos

Una actitud resiliente permite a los jóvenes ver las dificultades como oportunidades de superación. Esto implica ayudarles a identificar lecciones valiosas en cada desafío y animarlos a adoptar una mentalidad de aprendizaje constante.

- Ejemplo: Un estudiante que obtiene una calificación baja en un examen difícil puede desanimarse, pero con el apoyo adecuado, puede verlo como una oportunidad para estudiar de manera más efectiva y pedir ayuda, en lugar de asumir que no es capaz.

Herramientas para Fortalecer la Resiliencia

La resiliencia se puede enseñar y cultivar a través de diversas estrategias. Al incorporar estas prácticas en la educación y la vida cotidiana, padres y educadores pueden ayudar a los jóvenes a desarrollar las habilidades necesarias para enfrentar los desafíos y reponerse con mayor facilidad.

1. Fomentar la Autocompasión

La autocompasión es esencial para la resiliencia, ya que permite que los jóvenes sean amables consigo mismos en momentos difíciles. En lugar de juzgarse duramente por los errores, los jóvenes que practican la autocompasión aprenden a reconocer sus imperfecciones como parte del proceso de crecimiento.

- Ejercicio: Invitar a los jóvenes a escribir una carta a sí mismos en la que expresen comprensión y apoyo hacia sus propios errores y debilidades. Esto les ayuda a interiorizar la idea de que todos enfrentan problemas y que no es necesario ser tan duros consigo mismos.

2. Establecer Metas Realistas y Dividirlas en Pasos Pequeños

Establecer metas alcanzables y desglosarlas en pasos pequeños ayuda a reducir la ansiedad y evita la sensación de sobrecarga. A medida que los jóvenes ven sus progresos, ganan confianza en sus habilidades para superar los desafíos.

- Ejemplo Práctico: Si un joven tiene problemas para completar un proyecto escolar extenso, sugerirle que divida el trabajo en etapas manejables (investigar, escribir un borrador, revisar y corregir) puede hacer que el proyecto parezca menos intimidante y le dé una sensación de avance.

3. Practicar la Resolución de Problemas

Enseñar a los jóvenes a enfocarse en las soluciones, en lugar de quedarse atrapados en el problema, es una habilidad fundamental de la resiliencia. La capacidad de identificar pasos concretos para resolver una situación les permite sentirse más empoderados.

- Ejercicio: Proponerles una situación hipotética difícil (como un conflicto con un amigo) y pedirles que escriban posibles soluciones. Esto les ayuda a ver que siempre existen alternativas para enfrentar los problemas y que pueden abordar las dificultades de manera constructiva.

4. Fortalecer la Red de Apoyo

La resiliencia también se construye a través de relaciones saludables. Cuando los jóvenes saben que cuentan con el apoyo de sus seres queridos, sienten una mayor fortaleza para enfrentar los momentos difíciles.

- Ejemplo Práctico: Fomentar que los jóvenes participen en actividades de grupo, como deportes, clubes o voluntariado, puede ayudarles a construir relaciones positivas y a ver el valor de apoyarse en los demás.

Reflexión Final de la Sección

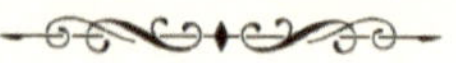

La resiliencia es una de las habilidades más importantes que podemos cultivar en los jóvenes para que enfrenten los desafíos de la vida con valentía, flexibilidad y optimismo. A través de la resiliencia, los jóvenes aprenden a sobrellevar las decepciones, a adaptarse al cambio y a reconocer que, aunque algunos problemas son inevitables, siempre pueden elegir cómo responder ante ellos.

Fomentar la resiliencia en los jóvenes es un regalo que les permitirá crecer seguros, con una mentalidad de aprendizaje y confianza en sus propias capacidades. En un mundo lleno de incertidumbre, la resiliencia no solo los ayudará a enfrentar dificultades, sino también a encontrar el valor en cada experiencia, incluso en aquellas que parecen obstáculos. A medida que se desarrollen como adultos fuertes y resilientes, llevarán consigo esta habilidad esencial como una base sólida para cualquier futuro que decidan construir.

9

Integridad en el Liderazgo: Ser Fiel a los Valores Personales

La integridad es un pilar esencial en el desarrollo de líderes genuinos y respetados. Para los jóvenes, aprender a actuar con integridad significa comprender y defender sus valores, incluso en momentos de dificultad o bajo la presión de sus padres. En este capítulo, exploraremos qué significa realmente la integridad y cómo puede cultivarse desde una edad temprana. Además, se proponen ejercicios prácticos para que los jóvenes desarrollen una conexión profunda con sus valores, fortaleciendo su capacidad de tomar decisiones éticas.

El Significado de la Integridad

La integridad es la congruencia entre los valores y las acciones. Es actuar de acuerdo con lo que uno cree, incluso si ello implica enfrentar desafíos. La integridad es una brújula moral que guía a los jóvenes hacia decisiones auténticas y les permite vivir en coherencia con sus principios, sin importar las circunstancias.

1. Entender los Valores Propios

Para actuar con integridad, es fundamental que los jóvenes comprendan qué valores son importantes para ellos y por qué. Ayudarles a identificar y profundizar en estos valores fomenta su sentido de autenticidad y les proporciona una base sólida para enfrentar dilemas éticos.

- Ejemplo Práctico: Un joven que considera la honestidad como un valor esencial aprenderá a ser sincero, incluso cuando la situación sea difícil o incómoda. Esta honestidad no solo fortalecerá su carácter, sino también la confianza que otros depositan en él.

2. Integridad como un Compromiso Constante

La integridad no es una acción aislada, sino un compromiso constante de vivir de acuerdo a los valores personales. Los jóvenes con integridad se guían por sus principios y no buscan eludir la responsabilidad cuando las cosas se complican, lo que fomenta el respeto y la admiración en su entorno.

- Ejemplo Práctico: Un estudiante que enfrenta la tentación de copiar en un examen podría decidir no hacerlo, aun cuando otros lo hagan y parezca una forma "fácil" de obtener una buena nota. Elegir la honestidad refuerza su integridad y le brinda una satisfacción genuina en lugar de un logro vacío.

Mantenerse Firme
ante las Presiones

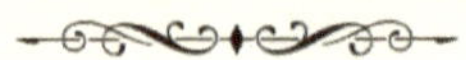

La presión social, especialmente entre jóvenes, puede desviar a muchos de sus valores. Sin embargo, con orientación y apoyo, es posible ayudarles a mantenerse firmes frente a influencias negativas y a resistir tentaciones que no se alineen con sus principios.

1. Reconocer las Situaciones de Presión

Es importante que los jóvenes aprendan a identificar situaciones en las que podrían sentir presión para actuar en contra de sus valores. Al prever estos momentos, pueden prepararse para responder de una manera que les permita mantener su integridad.

- Ejercicio Práctico: Invitar a los jóvenes a pensar en situaciones típicas de su vida diaria en las que podrían sentir presión para actuar en contra de sus valores (como la presión para beber alcohol o hacer algo que consideran incorrecto). Reflexionar sobre estas situaciones les ayuda a estar mejor preparados cuando ocurran en la realidad.

2. Practicar la Resistencia a la Influencia Externa

Aprender a decir "no" y a establecer límites es esencial para los jóvenes que desean actuar con integridad. Fomentar en ellos la capacidad de respetar sus propias convicciones, incluso si otros intentan hacerlos cambiar de opinión, fortalece su sentido de identidad.

- Ejemplo Práctico: Si un grupo de amigos intenta convencer a un joven de que realice una acción que no está de acuerdo con sus principios, ayudarle a practicar respuestas asertivas le permitirá mantener su posición sin conflicto.

3. Comprender el Valor de la Autenticidad

Ser auténtico significa actuar conforme a los propios valores y no intentar ser alguien que no se es para agradar a los demás. Cuando los jóvenes comprenden que la autenticidad atrae respeto y admiración, están más motivados a actuar con integridad.

- Ejemplo Inspirador: La historia de Malala Yousafzai, que defendió su derecho a la educación a pesar de las amenazas, es un ejemplo poderoso de integridad y autenticidad. Su valentía y su compromiso con sus valores la han convertido en un líder inspirador para jóvenes de todo el mundo.

Prácticas para la Reflexión Personal

La integridad se fortalece a través de la reflexión y el autoconocimiento. Al tomarse el tiempo para pensar en sus valores y el impacto de sus decisiones, los jóvenes pueden desarrollar una conciencia clara de cómo desean actuar en el mundo.

1. Ejercicio de Identificación de Valores

Invitar a los jóvenes a hacer una lista de valores importantes para ellos (como respeto, honestidad, responsabilidad, lealtad, etc.) y a escribir por qué cada uno es significativo. Esto los ayuda a conectar sus acciones diarias con principios personales y a vivir de una manera más consciente y alineada.

- Actividad Práctica: Pedirles que elijan dos o tres valores que consideren fundamentales en sus vidas y describan una situación en la que pusieron en práctica cada valor. Este ejercicio no solo fomenta la introspección, sino que también refuerza la importancia de actuar de acuerdo con estos principios.

2. Juegos de Rol para Enfrentar Dilemas Éticos

Los juegos de rol son una herramienta útil para que los jóvenes experimenten la toma de decisiones en situaciones difíciles. Al ponerse en el lugar de un personaje enfrentado a un dilema ético, los jóvenes pueden explorar diferentes opciones y consecuencias sin riesgos reales.

- Ejemplo de Juego de Rol: Crear un escenario en el que un joven debe decidir si informa sobre un amigo que cometió una infracción. Este ejercicio les permite considerar las implicaciones de cada opción y reflexionar sobre cómo mantener su integridad en circunstancias difíciles.

3. Diario de Reflexión sobre Decisiones

Llevar un diario en el que se reflexione sobre las decisiones importantes que toman y cómo esas decisiones se alinean con sus valores puede ayudar a los jóvenes a desarrollar una mayor autoconciencia. Al revisar sus decisiones, pueden reconocer patrones y fortalecer su compromiso con la integridad.

- Ejercicio Práctico: Pedirles que escriban sobre una decisión que hayan tomado recientemente, explicando por qué la eligieron y si sienten que reflejó sus valores. Este ejercicio permite a los jóvenes profundizar en su comprensión de cómo se relacionan sus acciones con su identidad.

Reflexión Final del Capítulo

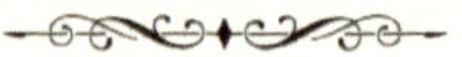

La integridad es una de las cualidades más poderosas y valiosas que los jóvenes pueden desarrollar para convertirse en líderes éticos y respetados. Al actuar en congruencia con sus valores, no solo construyen una reputación sólida, sino que también ganan confianza y respeto. Sin embargo, este compromiso requiere valentía, especialmente cuando implica enfrentarse a la presión de los demás.

Ser fiel a los propios valores es un viaje de autodescubrimiento continuo y de toma de decisiones conscientes. Cuando los jóvenes comprenden que su integridad es su mayor activo, pueden enfrentar la vida con confianza, sabiendo que su autenticidad y compromiso los llevarán a relaciones y logros auténticos. Así, este capítulo cierra con el recordatorio de que actuar con integridad no siempre será fácil, pero siempre será gratificante y el cimiento de una vida plena y respetada.

10

Reflexiones Finales y la Visión de una Sociedad Ética

Este capítulo final representa la culminación de un viaje hacia la construcción de una sociedad ética, donde la educación, la responsabilidad y los valores se convierten en la base del liderazgo y el bienestar común. A través de una formación consciente y ética, cada joven puede desarrollar las habilidades, el carácter y la visión necesarios para contribuir a una comunidad más justa y solidaria. Aquí, exploraremos cómo el equilibrio entre derechos y deberes, la proyección de un futuro con valores y una acción colectiva pueden sentar las bases para una sociedad mejor.

Balance entre Derechos y Deberes

El equilibrio entre los derechos y los deberes es fundamental para la vida en comunidad. Una sociedad equilibrada y ética no puede sostenerse solo en los derechos individuales; también requiere el reconocimiento de las responsabilidades que cada persona tiene hacia los demás. Este balance crea una estructura en la que todos pueden prosperar, ya que cada individuo contribuye activamente al bienestar colectivo.

1. El Respeto como Base del Equilibrio

Respetar tanto los derechos propios como los de los demás es un valor esencial para la convivencia armónica. Los jóvenes deben entender que el respeto no solo es un derecho que deben exigir, sino también un deber que deben practicar.

- Reflexión: Enseñar a los jóvenes a respetar a los demás, incluyendo sus opiniones, culturas y decisiones, fomenta una visión inclusiva y solidaria que fortalece la comunidad.

2. Compromiso y Responsabilidad Social

El desarrollo de una sociedad ética depende de la capacidad de sus miembros para asumir sus deberes con seriedad. Desde la participación activa en sus comunidades hasta la contribución en el hogar y la escuela, cada acto de responsabilidad fortalece la red social que sostiene una sociedad.

- Ejemplo Práctico: Motivar a los jóvenes a realizar acciones comunitarias, como el voluntariado, los ayuda a comprender la importancia de su rol en el bienestar de los demás, reforzando el concepto de que sus acciones impactan a la sociedad en su conjunto.

El Futuro de la Sociedad desde la Perspectiva de la Educación y Valores

El verdadero cambio en la sociedad comienza con la educación. Un sistema educativo enfocado en valores éticos, responsabilidad y liderazgo puede moldear a las futuras generaciones para que contribuyan a un entorno más justo y equitativo. Los jóvenes que han sido formados con una base sólida de valores éticos no solo actuarán con integridad, sino que inspirarán a otros a hacer lo mismo, creando un efecto multiplicador.

1. Impacto de una Educación en Valores

La educación no se limita a la transmisión de conocimientos académicos, sino que debe incluir la formación de ciudadanos íntegros y responsables. Una educación en valores fomenta la empatía, el respeto y la justicia, elementos fundamentales para una sociedad ética.

- Reflexión: Cuando los jóvenes entienden el valor de la integridad y la cooperación, están mejor preparados para enfrentar los desafíos éticos del futuro y para construir relaciones basadas en la confianza y el respeto mutuo.

2. Preparación para un Liderazgo Responsable

La sociedad necesita líderes que actúen con ética y responsabilidad. Los jóvenes que han aprendido a valorar la justicia, la integridad y el servicio serán los futuros líderes que guiarán a otros con empatía y un compromiso genuino hacia el bienestar de todos.

- Ejemplo Inspirador: Históricamente, líderes éticos y responsables han generado cambios profundos en sus comunidades y en el mundo, demostrando que es posible hacer una diferencia a través de la acción comprometida y el respeto hacia los demás.

Llamado a la Acción

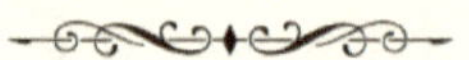

Este libro cierra con un llamado a la acción dirigido a padres, docentes y líderes educativos para que actúen como agentes de cambio en la formación de una sociedad más ética y responsable. La construcción de una sociedad ética y sostenible no es un esfuerzo individual, sino una misión colectiva que requiere compromiso y perseverancia.

1. Participación Activa de Padres y Educadores

Los padres y educadores son los modelos a seguir de los jóvenes y tienen la responsabilidad de inculcar los valores que desean ver reflejados en ellos. Al integrar estos valores en sus propias acciones, padres y docentes inspiran a los jóvenes a actuar con ética y responsabilidad.

- Acciones Prácticas:

Los padres pueden promover el diálogo sobre valores en el hogar, y los educadores pueden incorporar actividades de reflexión y trabajo en equipo en sus planes de estudio, brindando a los jóvenes oportunidades constantes para aplicar lo que han aprendido en su vida diaria.

2. Creación de Comunidades de Apoyo Ético

Una sociedad ética se construye cuando las personas, tanto jóvenes como adultos, se apoyan mutuamente en su crecimiento y desarrollo. Crear espacios de diálogo y reflexión en la comunidad permite a los jóvenes fortalecer su sentido de pertenencia y su compromiso con la sociedad.

- Iniciativa Comunitaria:

Organizar foros, talleres y actividades que reúnan a jóvenes, padres y educadores para discutir temas de ética y liderazgo responsable fortalece los lazos comunitarios y refuerza el compromiso colectivo hacia una sociedad más justa.

3. Promoción de la Ética en las Instituciones Educativas

Las instituciones educativas deben ser espacios donde los valores éticos y la responsabilidad se promuevan activamente. Al integrar programas de formación en valores y liderazgo en su currículo, las escuelas se convierten en el cimiento de una sociedad ética y responsable.

- Ejemplo Inspirador: Escuelas y colegios que han implementado programas de ética y liderazgo han visto mejoras significativas en el comportamiento de los estudiantes, quienes se convierten en agentes de cambio en sus comunidades y se involucran activamente en proyectos de impacto social.

Reflexión Final

Este libro no pretende ser una guía exhaustiva, sino un punto de partida para la construcción de una sociedad ética y responsable. El mundo necesita líderes que actúen con integridad, que respeten los derechos de los demás y que asuman con responsabilidad su papel en la sociedad. Estos líderes serán jóvenes que han aprendido desde temprana edad a valorar la honestidad, el respeto y la empatía.

En última instancia, formar una sociedad ética y responsable es un esfuerzo continuo que depende de cada miembro de la comunidad. Si cada persona aporta desde su lugar un compromiso genuino con los valores y con el respeto hacia los demás, el cambio será inevitable. Esta visión no solo inspira, sino que nos impulsa a actuar, recordándonos que el camino hacia un futuro mejor comienza con las acciones de hoy.

La construcción de una sociedad ética y responsable es un legado que vale la pena, y está en manos de todos aquellos que deseen contribuir a ella, desde padres y educadores hasta los jóvenes que serán los líderes del mañana.

SEGUNDA PARTE

Guía de Actividades y Ejercicios Prácticos por Edad

A Infancia (4-8 años): Desarrollo de Valores Fundamentales

Objetivo: Fomentar en los niños la comprensión básica de valores como la empatía, el respeto y la honestidad a través de actividades simples, visuales y basadas en la interacción.

1 Actividad: "Círculo de Empatía"

- Descripción: Se organiza un círculo en el que cada niño se turna para expresar un momento en que se sintió triste, feliz, enojado, etc. Luego, el grupo reacciona a estos sentimientos compartiendo experiencias similares.

- Propósito: Ayuda a los niños a reconocer y entender las emociones de los demás, desarrollando empatía.

- Duración: 15-20 minutos.

- Materiales: Una pelota o algún objeto que se pase al compañero para indicar el turno.

2 Actividad: "Cuentos para Aprender Valores"

- Descripción: Se leen historias que presenten situaciones éticas (como ayudar a un amigo o ser honesto) y luego se discuten con preguntas como: "¿Cómo te sentirías en el lugar del personaje?" o "¿Qué harías tú en su lugar?"

- Propósito: Facilita la reflexión y comprensión de valores de manera lúdica y visual.

- Duración: 10-15 minutos por cuento.

- Materiales: Libros de cuentos, preguntas de apoyo.

3. Actividad: "Juego de Responsabilidades

- Descripción: Se asignan tareas simples (como recoger juguetes o ayudar a poner la mesa) y se destaca la importancia de hacerlas bien y cumplir con las responsabilidades.

- Propósito: Ayuda a los niños a entender el valor de la responsabilidad y el trabajo en equipo.

- Duración: 10-15 minutos.

- Materiales: Tareas específicas en el aula o en casa, sistema de puntos o elogios como recompensa.

B Adolescencia Temprana (9-13 años): Fortaleci-miento de Habilidades Éticas y Sociales

Objetivo: Introducir temas como la resolución de conflictos, el respeto por diferentes opiniones y la toma de decisiones éticas de una manera más estructurada.

1. Actividad: "Debate Ético en Pequeños Grupos"

- Descripción: Se proponen temas simples (como "¿Es correcto decir la verdad, aunque lastime?") y los jóvenes se dividen en pequeños grupos para discutir sus opiniones y luego exponerlas al grupo.

- Propósito: Desarrolla habilidades de comunicación y enseña a respetar puntos de vista distintos.

- Duración: 30-45 minutos.

- Materiales: Papel y bolígrafo para apuntar ideas, lista de temas para debatir.

2. Actividad: "Diario de Valores"

- Descripción: Los jóvenes llevan un diario donde registran situaciones en las que tuvieron que tomar decisiones difíciles y reflexionan sobre cómo actuaron y qué habrían hecho de manera diferente.

- Propósito: Fomenta la autorreflexión y el desarrollo de la integridad.

- Duración: 5-10 minutos al día.

- Materiales: Un cuaderno o diario personal.

3. Actividad: "Juego de Roles para Resolver Conflictos"

- Descripción: En grupos de dos o tres, los jóvenes representan escenarios de conflicto (como una discusión entre amigos) y exploran cómo resolverlos de manera pacífica.

- Propósito: Desarrolla habilidades de resolución de conflictos y enseña el valor de la empatía en la práctica.

- Duración: 20-30 minutos.

- Materiales: Tarjetas con escenarios de conflicto.

Adolescencia Avanzada (14-18 años): Práctica Ética en Situaciones Reales

Objetivo: En esta etapa, se enfatiza el desarrollo de la autonomía, el liderazgo ético y la responsabilidad personal mediante actividades que conecten con el mundo real y las decisiones cotidianas.

1. Actividad: "Proyecto de Liderazgo Ético en la Comunidad"

- Descripción: Los jóvenes eligen un proyecto comunitario (como recolectar alimentos para un banco de alimentos o organizar una campaña de concientización) que promueva valores éticos y lo llevan a cabo en equipo.

- Propósito: Enseña liderazgo positivo, trabajo en equipo y la importancia de contribuir al bienestar de la comunidad.

- Duración: Proyecto a largo plazo (4-6 semanas).

- Materiales: Dependiendo del proyecto, podría necesitarse material de papelería, permisos locales, etc.

2. Actividad: "Simulación de Dilemas Éticos"

- Descripción: Se plantean dilemas éticos complejos, como "¿Es correcto romper las reglas si es para ayudar a alguien?" Los jóvenes discuten sus ideas y comparten cómo tomarían decisiones en esas situaciones.

- Propósito: Ayuda a profundizar en el pensamiento ético y fortalecer la capacidad de tomar decisiones basadas en valores.

- Duración: 45-60 minutos.

- Materiales: Tarjetas con dilemas éticos.

3. Actividad: "Charla de Valores con Mentores"

- Descripción: Invitar a profesionales o líderes de la comunidad para que compartan sus experiencias de vida y cómo aplican sus valores en su trabajo y vida personal. Luego, los jóvenes pueden hacer preguntas y reflexionar.

- Propósito: Muestra ejemplos de integridad y ética en acción, inspirando a los jóvenes a aplicar sus valores en su vida futura.
- Duración: 60 minutos.

- Materiales: Sala de reuniones o espacio adecuado para la charla, material audiovisual opcional.

Ejercicios de Reflexión Familiar

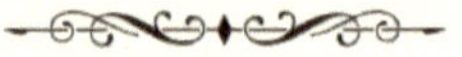

A continuación, un conjunto detallado de Ejercicios de Reflexión Familiar diseñados para promover conversaciones significativas sobre valores en un ambiente familiar. Estos ejercicios están pensados para integrar a todos los miembros de la familia en actividades que fomenten la empatía, el entendimiento y el desarrollo de un marco ético compartido.

1. Debate Familiar sobre Dilemas Éticos

Descripción: Reunirse en familia para discutir dilemas éticos que pueden presentarse en la vida cotidiana. Cada miembro puede compartir su punto de vista y argumentar sus ideas, fomentando un ambiente de escucha y respeto.

- Objetivo: Enseñar a los jóvenes a expresar sus opiniones, desarrollar habilidades de argumentación y entender que diferentes perspectivas pueden coexistir.

- Ejemplo de dilemas a discutir:

- "¿Es correcto decir una mentira para evitar lastimar los sentimientos de alguien?"
- "¿Debe alguien devolver un objeto encontrado, incluso si no sabe quién es el dueño?"
- "¿Es justo recibir una recompensa por ayudar a otros?"

- Duración: 30-45 minutos.

- Materiales: Tarjetas con dilemas éticos o temas de debate.

2. Juegos de Roles sobre Situaciones Éticas

Descripción: En esta actividad, cada miembro de la familia interpreta un papel en una situación ficticia donde surge un dilema ético. Los participantes representan sus roles y luego reflexionan sobre las acciones y decisiones tomadas.

- Objetivo: Fomentar la empatía y la comprensión de las distintas perspectivas de una situación. Ayuda a los jóvenes a ver las consecuencias de las decisiones en situaciones de la vida real.

- Ejemplos de situaciones para representar:

- Un amigo pide ayuda para hacer trampa en un examen.

- Un hermano mayor debe decidir si presta su juguete favorito a su hermano menor.

- Una persona es testigo de una injusticia y debe decidir si interviene o no.

- Duración: 20-30 minutos por escenario.

- Materiales: Tarjetas o descripciones breves de las situaciones.

3. Momento de Reflexión Semanal

Descripción: Reservar un momento específico cada semana para que todos los miembros de la familia compartan algo que les hizo reflexionar sobre un valor, como la honestidad, la generosidad o la responsabilidad. Cada persona comenta una situación en la que haya practicado, observado o reflexionado sobre ese valor.

- Objetivo: Crear un espacio regular para el diálogo sobre valores y fomentar la autorreflexión en los jóvenes.

- Ejemplo de estructura:

- Seleccionar un valor o tema cada semana.
- Preguntar a cada miembro cómo se ha relacionado con ese valor en la última semana.
- Hacer una pequeña conclusión o reflexión grupal.
- Duración: 15-20 minutos.
- Materiales: Un cuaderno familiar donde se pueda anotar cada valor trabajado y algunos comentarios.

4. Círculo de Gratitud y Responsabilidad

Descripción: Este ejercicio tiene dos partes: en la primera, cada miembro de la familia expresa algo por lo que está agradecido y, en la segunda, algo de lo que se siente responsable o comprometido a mejorar en la semana siguiente.

- Objetivo: Fomentar una actitud de gratitud y responsabilidad personal, valores esenciales para una convivencia armoniosa.

- Estructura:

- Cada miembro expresa algo por lo que se siente agradecido, ayudando a valorar lo positivo.
- Luego, cada persona menciona una acción específica que se compromete a hacer para mejorar en algún aspecto ético o de convivencia.

- Duración: 10-15 minutos.

- Materiales: Opcionalmente, un "libro de gratitud" donde puedan escribir sus reflexiones y compromisos.

5. "Historia en Familia" con Mensaje Ético

Descripción: Inventar y contar juntos una historia ficticia que incluya un dilema ético. Cada miembro puede agregar una parte de la historia, y al final, la familia discute cuál podría ser una solución ética para el dilema planteado.

- Objetivo: Desarrollar la creatividad, el pensamiento crítico y la colaboración en torno a la resolución de problemas éticos.

- Ejemplo de inicio de historia:

- "Había una vez un niño que encontró una billetera en la calle llena de dinero, pero no sabía de quién era. Se preguntaba si debía quedársela o buscar al dueño."

- Duración: 20-30 minutos.

- Materiales: Ninguno, solo imaginación.

6. Juego de Valores: Tarjetas de Situaciones Éticas

Descripción: Crear tarjetas con situaciones que representen un dilema o desafío ético. Cada miembro saca una tarjeta, lee la situación y explica cómo reaccionaría. Los demás miembros pueden hacer preguntas o dar su punto de vista.

- Objetivo: Ayudar a los jóvenes a reflexionar sobre sus propios valores y entender las consecuencias de sus decisiones.

- Ejemplos de situaciones:

- "Un amigo se burla de alguien en la escuela. ¿Qué harías?"
- "Te ofrecen un premio que no ganaste honestamente. ¿Lo aceptarías?"
- "Alguien olvidó un artículo en el supermercado. ¿Intentarías devolverlo?"

- Duración: 15-20 minutos.

- Materiales: Tarjetas o papel con descripciones de situaciones.

7. "El Árbol de los Valores" Familiar

Descripción: Dibujar un árbol en una cartulina o en la pared de un espacio común en la casa. Cada hoja representa un valor que la familia desea practicar. A lo largo de las semanas, cada miembro puede agregar hojas con acciones concretas relacionadas con cada valor.

- Objetivo: Visualizar y hacer un seguimiento de los valores familiares, creando un compromiso compartido y una referencia constante.

- Ejemplo de valores en las hojas: Respeto, responsabilidad, honestidad, amabilidad, perseverancia.

- Duración: Proyecto a largo plazo, con seguimiento semanal o mensual.

- Materiales: Cartulina o papel, hojas adhesivas o recortes de papel para las hojas del árbol.

Talleres Familiares y Escolares

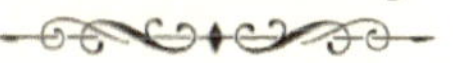

Los talleres familiares y escolares son una herramienta efectiva para explorar temas importantes como liderazgo, resiliencia y comunicación de una manera práctica e interactiva. Estas actividades breves permiten que tanto los padres como los educadores guíen a los niños y jóvenes en la reflexión y desarrollo de habilidades clave. A continuación, se presentan mini guías para talleres sobre estos temas, cada uno diseñado para ser llevado a cabo en sesiones de 30-45 minutos.

1. Taller de Liderazgo: Identificando y Desarrollando el Potencial de Líder

Objetivo: Ayudar a los jóvenes a entender el concepto de liderazgo y a identificar las cualidades de un buen líder, así como a reconocer su propio potencial para liderar en distintos contextos.

Materiales Necesarios
- Papel y bolígrafos
- Pizarrón o rotafolio
- Tarjetas o papelitos con frases inspiradoras de líderes

Paso a Paso

1. Introducción al Concepto de Liderazgo (5 minutos)
   ❖ Comienza definiendo lo que es el liderazgo. Explica que un líder no es solo alguien que da órdenes, sino alguien que

guía y ayuda a los demás a trabajar juntos para lograr un objetivo.

❖ Haz preguntas abiertas para que los participantes compartan ejemplos de líderes que admiran y por qué.

2. Actividad: Características de un Buen Líder
(10 minutos)

❖ Divide a los participantes en pequeños
grupos y pídeles que hagan una lista de
cualidades que consideran importantes
en un líder (por ejemplo, empatía, responsabilidad, comunicación).

❖ Después, cada grupo comparte su lista y
se hace una discusión en grupo para
crear una lista de cualidades finales en el
pizarrón.

3. Reflexión Personal (10 minutos)

❖ Entrega papel y bolígrafos a cada participante y pídeles que reflexionen en silencio sobre una situación en la que hayan demostrado alguna de las cualidades
mencionadas. Pueden escribir un breve
relato o solo reflexionar sobre la situación.

❖ Pide a algunos participantes que compartan su experiencia si se sienten cómodos.

4. Conclusión y Plan de Acción (5 minutos)
   ❖ Explica que el liderazgo no se limita a grandes actos y puede comenzar con pequeños gestos cotidianos. Anima a cada participante a elegir una cualidad de líder que quieran mejorar y cómo planean hacerlo en el próximo mes.

2. Taller de Resiliencia: Enfrentando Desafíos con Fortaleza

Objetivo: Enseñar a los jóvenes a enfrentar los desafíos y fracasos de forma positiva, viendo los obstáculos como oportunidades para aprender y crecer.

Materiales Necesarios
- Papel y bolígrafos
- Citas motivacionales impresas sobre resiliencia
- Rotafolio o pizarra

Paso a Paso

1. Introducción al Concepto de Resiliencia (5 minutos)

    ❖ Explica qué es la resiliencia y por qué es importante. Menciona que la resiliencia nos ayuda a no darnos por vencidos y a aprender de nuestros errores.

    ❖ Comparte algunas citas motivacionales sobre la resiliencia y pide a los participantes que elijan una que les resuene.

2. Actividad de Reflexión: "Mi Mayor Desafío" (10 minutos)

    ❖ Pide a cada participante que piense en un desafío personal que haya enfrentado y que describan en unas pocas líneas cómo lo superaron o qué aprendieron de esa experiencia.

    ❖ Aquellos que se sientan cómodos pueden compartir su experiencia en el grupo, lo que puede inspirar a otros.

3. Ejercicio: Estrategias para Superar Desafíos (10 minutos)

    ❖ En el rotafolio, escribe distintas estrategias para manejar la frustración y el estrés en momentos difíciles (por ejemplo, hablar con alguien de confianza, hacer una pausa para respirar, buscar alternativas).

❖ Cada participante elige dos estrategias que consideran útiles para ellos y comparten por qué las eligieron.

4. Cierre y Compromiso (5 minutos)
    a. Invita a cada persona a comprometerse a practicar una de las estrategias cuando enfrenten una situación desafiante en las próximas semanas. Esto puede ayudarles a aplicar la resiliencia en la vida cotidiana.

3. Taller de Comunicación Efectiva: Escuchar y Expresarse con Claridad

Objetivo: Desarrollar habilidades de comunicación efectiva, como la escucha activa y la expresión clara de ideas, fundamentales para una convivencia saludable y relaciones de confianza.

Materiales Necesarios
- Papel y bolígrafos
- Rotafolio o pizarra

- Dos juegos de tarjetas con preguntas o frases de comunicación (para hacer pares de tarjetas iguales)

Paso a Paso

1. Introducción a la Comunicación Efectiva (5 minutos)
   - ❖ Explica qué significa comunicar de manera efectiva: escuchar, expresar ideas con claridad y ser respetuoso con los demás.
   - ❖ Haz preguntas a los participantes sobre situaciones en las que una buena comunicación los ayudó y otras en las que no lograron hacerse entender.

2. Actividad de Escucha Activa (10 minutos)
   - ❖ Divide a los participantes en parejas. Cada persona tiene un minuto para hablar sobre algo que les importe o interese mientras el otro escucha sin interrumpir.
   - ❖ Luego cambian de roles. Al final, cada persona resume lo que escuchó de su compañero para asegurarse de que entendió.

3. Juego de Comunicación: Emparejar Tarjetas (10 minutos)

   ❖ Entrega a cada participante una tarjeta con una pregunta o frase. Luego, deben encontrar al compañero que tiene la misma tarjeta (formando un par).

   ❖ Una vez que encuentren su pareja, cada uno responde la pregunta de su tarjeta o discute la frase, practicando la comunicación efectiva.

5. Cierre y Reflexión (5 minutos)

   ❖ En grupo, reflexionen sobre cómo se sintieron al ser escuchados y al escuchar a otros. Comenten la importancia de practicar la escucha activa y cómo aplicarla en sus vidas diarias.

4. Taller de Ética y Toma de Decisiones: Eligiendo con Responsabilidad

Objetivo: Fomentar la toma de decisiones éticas y responsables, ayudando a los jóvenes a analizar situaciones y decidir en base a sus valores.

Materiales Necesarios

- Papel y bolígrafos
- Tarjetas con dilemas éticos simples (ej. "¿Qué harías si…?")
- Pizarra o rotafolio

Paso a Paso

1. Introducción a la Ética y Valores (5 minutos)
   - Explica qué significa tomar decisiones éticas, y cómo se relaciona con actuar de acuerdo con los propios valores.
   - Pregunta a los participantes sobre ejemplos de decisiones difíciles que hayan enfrentado y cómo decidieron.

2. Actividad de Dilemas Éticos (15 minutos)
   - Divide a los participantes en grupos pequeños y entrégales una tarjeta con un dilema ético (por ejemplo, "¿Qué harías si encontraras dinero en el suelo y no sabes de quién es?").
   - Cada grupo discute su dilema y decide cómo lo resolvería. Después, cada grupo comparte su decisión y explica el razonamiento detrás de ella.

3. Reflexión Personal: Mis Valores Fundamentales (10 minutos)

   ❖ Pide a cada participante que escriba tres valores que consideren importantes y por qué. Esto les ayudará a reflexionar sobre sus principios personales y cómo afectan sus decisiones.

   ❖ Pide a algunos participantes que compartan sus valores si se sienten cómodos.

4. Cierre y Compromiso (5 minutos)

   ❖ Invita a los participantes a recordar estos valores y usarlos como guía en futuras decisiones. La idea es que comprendan cómo los valores pueden ayudarles a tomar decisiones coherentes y responsables.

Retos Semanales

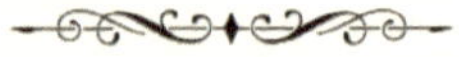

Los retos éticos semanales son una excelente manera de que los jóvenes practiquen valores y habilidades importantes en su vida cotidiana. Cada semana, se puede proponer un desafío relacionado con la ética y el desarrollo personal, enfocado en acciones específicas que los jóvenes pueden llevar a cabo de forma individual o en grupo. Estos retos permiten que los valores se vivan de manera práctica, divertida y significativa, promoviendo la reflexión y la empatía. A continuación, se presentan algunos ejemplos de desafíos semanales y sugerencias para implementarlos.

Semana 1: Acto de Generosidad Anónima

Objetivo: Practicar la generosidad sin esperar reconocimiento, desarrollando la empatía y el altruismo.

- Descripción del Reto: Realiza una acción generosa sin decirle a nadie. Puede ser ayudar a alguien sin esperar nada a cambio, dejar una nota positiva para un amigo o familiar, o donar algo que no uses a quien lo necesite.

- Reflexión: Al final de la semana, reflexiona sobre cómo te sentiste al realizar un acto de generosidad sin recibir agradecimientos ni reconocimiento. ¿Qué impacto crees que tuvo tu acción en la otra persona?

- Consejo para Padres/Educadores: Pueden hacer preguntas como, "¿Qué sentiste al ayudar a alguien sin que lo supieran?" Esto ayuda a que los jóvenes vean el valor de las acciones desinteresadas.

Semana 2: Escucha Activa

Objetivo: Mejorar la capacidad de escuchar a los demás con atención y empatía.

- Descripción del Reto: Durante la semana, practica escuchar a las personas a tu alrededor sin interrumpir ni juzgar. Concéntrate en entender lo que dicen y luego responde con amabilidad y respeto.

- Reflexión: Piensa en cómo cambió la conversación cuando realmente escuchaste a alguien. ¿Notaste alguna diferencia en la reacción de la otra persona? ¿Sentiste que entendiste mejor su punto de vista?

- Consejo para Padres/Educadores: Puedes sugerir que cada noche los jóvenes hablen sobre una conversación en la que practicaron la escucha activa y reflexionen sobre cómo se sintieron.

Semana 3: Respeto Hacia Diferentes Puntos de Vista

Objetivo: Desarrollar la tolerancia y el respeto hacia opiniones y perspectivas diferentes a las propias.

- Descripción del Reto: Cuando alguien exprese una opinión diferente a la tuya, en lugar de debatir o contradecir, haz preguntas para comprender mejor su perspectiva. Practica decir frases como "Entiendo tu punto" o "Es interesante ver cómo lo ves."

- Reflexión: Al final de la semana, reflexiona sobre cómo te hizo sentir aceptar puntos de vista diferentes. ¿Cambió alguna opinión tuya después de escuchar a los demás?

- Consejo para Padres/Educadores: Alienta a los jóvenes a discutir un tema en familia y practicar el respeto hacia las ideas de los demás, incluso si no están de acuerdo.

Semana 4: Reconocimiento de los Logros de los Demás

Objetivo: Fomentar la humildad y la apreciación de los logros ajenos.

- Descripción del Reto: Dedica la semana a reconocer los logros y esfuerzos de quienes te rodean, sin importar cuán pequeños sean. Puede ser felicitar a un amigo por algo que logró o agradecer a un profesor o familiar por su esfuerzo.

- Reflexión: Reflexiona sobre cómo las personas reaccionaron a tus palabras de reconocimiento y cómo te sentiste al celebrarlos.

- Consejo para Padres/Educadores: En una charla familiar o en clase, discutan cómo cada uno reconoció a alguien en su entorno y el efecto positivo que tuvo.

Semana 5: Honestidad en Todo Momento

Objetivo: Practicar la honestidad y la transparencia en todas las interacciones.

- Descripción del Reto: Durante la semana, intenta ser honesto en todo momento, tanto en las cosas grandes como en las pequeñas. Evita exageraciones o mentiras y sé auténtico con los demás.
- Reflexión: Al final de la semana, analiza si ser honesto cambió la forma en que te relacionas con los demás. ¿Fue fácil o difícil ser siempre sincero?

- Consejo para Padres/Educadores: Puedes ayudar a los jóvenes a reflexionar preguntándoles si hubo momentos en que ser honesto fue un reto y cómo lo superaron.

Semana 6: Compromiso con el Medio Ambiente

Objetivo: Desarrollar la responsabilidad hacia el cuidado del planeta.

- Descripción del Reto: Comprométete a cuidar el medio ambiente realizando acciones pequeñas, como reducir el uso de plásticos, reciclar, o plantar algo. La meta es hacer una contribución positiva al planeta.

- Reflexión: Al finalizar la semana, reflexiona sobre cómo tus acciones contribuyeron a cuidar el entorno. ¿Qué cambios puedes mantener a largo plazo?

- Consejo para Padres/Educadores: Pueden organizar una actividad en grupo, como recoger basura en un parque, y luego discutir cómo estas acciones pequeñas pueden generar un cambio importante.

Semana 7: Bondad y Empatía en el Día a Día

Objetivo: Practicar la amabilidad y empatía hacia los demás, incluso en situaciones cotidianas.

- Descripción del Reto: Realiza al menos un acto de bondad al día. Puede ser ayudar a alguien con una tarea, ofrecer palabras amables, o simplemente sonreír y mostrar gratitud.

- Reflexión: Reflexiona sobre el impacto de la amabilidad en tu día y en los demás. ¿Sentiste algún cambio en la forma en que las personas te respondieron?

- Consejo para Padres/Educadores: Alienta a los jóvenes a mantener un "diario de bondad" donde registren sus actos amables y cómo se sintieron al realizarlos.

Semana 8: Autodisciplina y Cumplimiento de Compromisos

Objetivo: Fomentar la responsabilidad personal y el cumplimiento de compromisos.

- Descripción del Reto: Establece una meta personal para la semana y comprométete a cumplirla. Puede ser organizar tu tiempo de estudio, ayudar en una tarea del hogar, o dedicarte a una actividad sin distracciones.

- Reflexión: Al finalizar la semana, reflexiona sobre lo que lograste y cómo te sentiste al cumplir con tu compromiso.

- Consejo para Padres/Educadores: Puedes animar a los jóvenes a fijarse metas claras y discutir las estrategias que emplearon para lograr sus objetivos.

Ejemplos Inspiradores de Personas y Situaciones

Este apartado ofrece historias reales de jóvenes que han demostrado liderazgo ético en diferentes circunstancias. Estos relatos destacan cómo, a pesar de los desafíos, los valores y la determinación pueden transformar una situación. Además de inspirar a los lectores, estas historias pueden servir como modelos de referencia sobre cómo actuar con integridad, empatía y compromiso. A continuación, se presentan ejemplos concretos de jóvenes que han tomado decisiones éticas y valientes en la vida real.

1. Emma González: Lucha por la Seguridad Escolar

Contexto: Emma González, una estudiante de secundaria en Parkland, Florida, sobrevivió a un tiroteo en su escuela en 2018. Después de esta tragedia,

Emma se convirtió en una voz influyente en el movimiento a favor de la seguridad en las escuelas y el control de armas en los Estados Unidos.

Acción Ética: En lugar de limitarse a lidiar con el trauma de manera personal, Emma decidió alzar la voz para que otras personas no vivieran lo que ella experimentó. Junto a otros estudiantes, organizó marchas, habló en eventos y compareció ante políticos para exigir cambios en la legislación. Su coraje y sentido de responsabilidad la llevaron a influir a nivel nacional, a pesar de las críticas y presiones.

Lección: Emma muestra cómo la resiliencia y el compromiso con un valor pueden transformar una tragedia en una causa significativa. Es un ejemplo de liderazgo joven y ético, comprometido con la seguridad y el bienestar colectivo.

2. Malala Yousafzai: Lucha por la Educación de las Niñas

Contexto: En Pakistán, Malala Yousafzai se enfrentó a la prohibición de la educación para las niñas en su región. Desde muy joven, ella creía firmemente en el derecho de todas las niñas a recibir una educación.

Acción Ética: Malala comenzó a hablar públicamente sobre la importancia de la educación, lo que llevó a que el régimen talibán intentara silenciarla a través de la violencia. Sin embargo, tras sobrevivir a un atentado, Malala continuó su misión con aún más determinación. Hoy en día, es una activista mundial y ganadora del Premio Nobel de la Paz.

Lección: Su historia enseña el valor de la integridad y la valentía, así como la importancia de mantenerse firme en los propios valores, incluso ante grandes adversidades. Su liderazgo ético ha inspirado a jóvenes en todo el mundo a luchar por sus derechos.

3. Boyan Slat: Innovación para Limpiar los Océanos

Contexto: Boyan Slat, un joven de los Países Bajos, observó el problema de la contaminación marina y la acumulación de plásticos en los océanos. A los 16 años, decidió que quería hacer algo al respecto.

Acción Ética: Boyan fundó "The Ocean Cleanup," una organización dedicada a desarrollar soluciones tecnológicas para limpiar los océanos. Con un enfoque innovador y compromiso medioambiental, su proyecto ha logrado recaudar fondos y desarrollar sistemas que recogen grandes cantidades de plástico en el mar.

Lección: Boyan demuestra que, con creatividad y compromiso, es posible abordar problemas globales complejos. Su iniciativa inspira a otros jóvenes a actuar de manera ética y responsable hacia el medio ambiente.

4. Greta Thunberg: Activismo Climático y Conciencia Ambiental

Contexto: Greta Thunberg, una adolescente sueca, empezó una huelga escolar para exigir acciones urgentes contra el cambio climático, inspirada por su convicción de que el planeta necesita protección.

Acción Ética: Aunque enfrentó muchas críticas, Greta mantuvo su postura firme y fue ganando el apoyo de jóvenes de todo el mundo. Sus discursos en eventos internacionales han llevado el tema de la justicia climática a la agenda de líderes políticos y ciudadanos, llamando a una acción ética y responsable con el planeta.

Lección: La historia de Greta muestra cómo un joven con determinación puede amplificar su voz y motivar a toda una generación. Su integridad y compromiso han sido un recordatorio del poder de la ética y la conciencia en la toma de decisiones.

5. Ayaan Moosa y Mikaeel Ishaaq: La Generosidad en Acción

Contexto: Ayaan y Mikaeel, dos niños de seis años en Londres, decidieron ayudar a las familias en Yemen que estaban sufriendo debido a la guerra y la falta de alimentos.

Acción Ética: A pesar de su corta edad, estos niños empezaron a vender limonada para recaudar fondos y donarlos a organizaciones de ayuda. Su iniciativa llamó la atención de los medios y logró recaudar una suma importante para ayudar a las personas afectadas.

Lección: Esta historia enseña que no hay edad mínima para hacer el bien y ayudar a otros. La empatía y la generosidad pueden tener un gran impacto, sin importar cuán pequeña sea la acción.

6. Nadya Okamoto: Empoderamiento a través de la Igualdad de Género

Contexto: A los 16 años, Nadya Okamoto experimentó la falta de acceso a productos menstruales mientras vivía en situación de inestabilidad habitacional en los Estados Unidos.

Acción Ética: A raíz de esta experiencia, fundó la organización sin fines de lucro "Period" para proveer productos menstruales a personas sin hogar y en situación de pobreza. Su misión ha sido visibilizar la importancia de la equidad en la salud y ha ayudado a muchas personas a vivir en mejores condiciones.

Lección: Nadya nos enseña que la empatía y la determinación pueden impulsar cambios positivos en temas de justicia y dignidad humana. Su liderazgo ético en favor de la igualdad de género es inspirador para jóvenes de todo el mundo.

Estudios de Caso: Ejemplos de Dilemas Éticos Comunes

Este apartado presenta una serie de dilemas éticos que los jóvenes pueden encontrar en la vida diaria: en la escuela, el hogar o en su entorno social. Estos ejemplos incluyen guías para analizar cada situación y discutir posibles soluciones, promoviendo una reflexión ética profunda y habilidades para la toma de decisiones.

Caso 1: La Tentación de la Copia en un Examen

Situación: Ana y su mejor amiga, Lucía, están por presentar un examen muy importante en el colegio. Lucía, que no tuvo tiempo de estudiar, le pide a Ana que le permita copiar sus respuestas. Ana siente la presión de ayudar a su amiga, pero también sabe que copiar va en contra de las reglas del colegio y de su propio sentido de honestidad.

Preguntas para Reflexionar:

- ¿Cuál es el valor en juego en esta situación? (Honestidad, integridad)

- ¿Cómo podría Ana ayudar a Lucía de una manera que no comprometa sus valores?

- ¿Qué consecuencias podrían surgir si Ana permite que Lucía copie?

Sugerencia de Análisis Ético: En este caso, Ana puede explicar a Lucía su posición sobre la importancia de ser honesta y ofrecerle otras formas de apoyo, como estudiar juntas para futuros exámenes o ayudarla a organizar su tiempo. Este enfoque ayuda a Ana a mantenerse fiel a sus valores y, al mismo tiempo, ofrece a Lucía apoyo de una manera ética.

Caso 2: El Chisme en el Grupo de Amigos

Situación: Jaime escucha a algunos amigos hablar mal de otro compañero, Lucas, quien es nuevo en la escuela. Aunque Jaime no está de acuerdo con lo que dicen, teme que, si habla, también se convertiría en blanco de críticas. Aun así, siente que no es correcto quedarse en silencio.

Preguntas para Reflexionar:

- ¿Qué valores podrían guiar la decisión de Jaime? (Respeto, valentía)

- ¿Cuáles podrían ser las consecuencias de no decir nada?

- ¿Cómo podría Jaime intervenir sin poner en riesgo su relación con el grupo?

Sugerencia de Análisis Ético: Jaime podría expresar de forma respetuosa su desacuerdo, diciendo algo como "Quizás deberíamos conocer mejor a Lucas antes de juzgarlo." Esta respuesta muestra que Jaime se mantiene fiel a sus valores de respeto y empatía sin confrontar agresivamente al grupo, fomentando un ambiente más inclusivo.

Caso 3: El Uso Responsable de la Tecnología

Situación: María descubre que algunos amigos de su clase han creado un grupo en redes sociales para burlarse de otros compañeros de la escuela. La invitan a unirse y participar, pero ella sabe que este comportamiento es irrespetuoso y perjudicial para quienes son objeto de las burlas.

Preguntas para Reflexionar:

- ¿Qué valores entran en conflicto en esta situación? (Responsabilidad, respeto)

- ¿Cómo podría María abordar esta situación sin perder amistades, pero sin comprometer sus principios?

- ¿Qué impacto podría tener en otros el decidir no participar en este tipo de conductas?

Sugerencia de Análisis Ético: María podría optar por no unirse al grupo y, además, expresar de manera privada a sus amigos cómo estos comportamientos pueden lastimar a otros y fomentar un ambiente negativo. Además, María podría proponer una actividad o grupo positivo en el que todos puedan participar.

Caso 4: El Dilema de la Ayuda en Casa

Situación: Tomás, de 15 años, quiere pasar la tarde jugando videojuegos con sus amigos, pero su madre le pide ayuda con las tareas del hogar porque tiene mucho trabajo. Aunque sabe que podría ayudar, también siente que el tiempo libre es importante para él.

Preguntas para Reflexionar:
- ¿Qué valores se ven involucrados aquí? (Responsabilidad, empatía, equilibrio)

- ¿Cómo podría Tomás equilibrar su deseo de descanso con su responsabilidad en el hogar?

- ¿Cómo podría comunicarse con su madre de manera respetuosa para negociar una solución?

Sugerencia de Análisis Ético: Tomás podría ofrecer ayudar a su madre primero y luego, como resultado de su apoyo, pedirle un tiempo para relajarse. También podría hablar con ella sobre la importancia de acordar un equilibrio en sus responsabilidades y su tiempo libre, fortaleciendo así su capacidad de negociar en un marco de respeto.

Caso 5: La Presión del Grupo para Beber Alcohol

Situación: Durante una fiesta, amigos de Carlos le ofrecen una bebida alcohólica. Aunque él no quiere consumir alcohol, se siente presionado, ya que teme que sus amigos lo consideren aburrido o fuera de lugar.

Preguntas para Reflexionar:
- ¿Qué valores están en juego aquí? (Autenticidad, independencia, respeto hacia uno mismo)
- ¿Cuáles son los posibles riesgos de ceder a esta presión?

- ¿Cómo podría Carlos manejar esta situación sin sentirse excluido?

Sugerencia de Análisis Ético: Carlos podría responder de una manera que comunique su posición sin juzgar a los demás, por ejemplo, diciendo: "Prefiero pasarla bien sin alcohol, pero igual quiero estar con ustedes." Esta respuesta le permite ser fiel a sus valores y decisiones personales sin enfrentarse de manera negativa al grupo.

Caso 6: El Robo de un Compañero en Clase

Situación: Laura se da cuenta de que alguien en su grupo ha robado una calculadora de otro estudiante. Aunque ella sabe que esto es incorrecto, teme que si lo reporta podría tener problemas con sus compañeros.

Preguntas para Reflexionar:
- ¿Qué valores se ponen a prueba? (Honestidad, justicia)
- ¿Cómo podría abordar la situación de una forma que no la ponga en conflicto directo con sus compañeros?
- ¿Cuál podría ser la consecuencia de ignorar el hecho?

Sugerencia de Análisis Ético: Laura podría hablar en privado con el compañero que tomó la calculadora y alentarlo a devolverla, señalando que no está bien quitar cosas ajenas. De esta manera, busca una solución constructiva que fomenta la reflexión sobre la responsabilidad y la honestidad.

Caso 7: La Competencia en el Deporte

Situación: Miguel está en el equipo de fútbol de la escuela y compite por un puesto en el equipo titular con su mejor amigo. Aunque ambos desean ocupar esa posición, Miguel descubre que podría sabotear a su amigo durante el entrenamiento para asegurarse de ser elegido.

Preguntas para Reflexionar:
- ¿Qué valores entran en conflicto aquí? (Lealtad, honestidad, justicia)
- ¿Cómo podría Miguel abordar esta competencia de forma ética y justa?
- ¿Qué aprenderá Miguel sobre el valor de una competencia honesta y del compañerismo?

Sugerencia de Análisis Ético: Miguel podría decidir entrenar con integridad y apoyar a su amigo sin dejar de dar su mejor esfuerzo. Así, aprende la importancia de competir de forma justa y de desarrollar su capacidad al máximo, sin sacrificar los valores de respeto y lealtad hacia los demás.

Caso 8: Herramientas de Autoevaluación y Reflexión Personal

Este apartado incluye cuestionarios y listas de verificación diseñados para que padres y educadores puedan evaluar el desarrollo de valores éticos en los jóvenes y comprender mejor las áreas que podrían necesitar atención o refuerzo. Estas herramientas también fomentan la reflexión personal en los jóvenes, ayudándolos a identificar sus puntos fuertes en cuanto a valores y a reconocer las áreas donde pueden crecer.

Cuestionarios de Evaluación de Valores

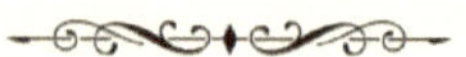

Los siguientes cuestionarios están orientados a medir y reflexionar sobre valores específicos en los jóvenes, tales como empatía, responsabilidad, integridad y resiliencia. Cada sección incluye preguntas de auto-evaluación para los jóvenes y preguntas de observación para que los padres y educadores puedan ofrecer retroalimentación objetiva.

1. Evaluación de la Empatía

- Para Jóvenes:

* ¿Me esfuerzo en entender cómo se sienten los demás cuando están tristes o felices?
* ¿Ofrezco mi ayuda a amigos o compañeros que parecen necesitar apoyo?
* ¿Evito juzgar rápidamente a las personas y en cambio trato de escuchar sus puntos de vista?

- Para Padres y Educadores:

* ¿El joven muestra preocupación genuina por los sentimientos de los demás?
* ¿Suele intervenir de manera positiva en conflictos, tratando de escuchar a ambas partes?

❖ ¿Es capaz de identificar las emociones en otros y responde adecuadamente a ellas?

2. Evaluación de la Responsabilidad

- Para Jóvenes:

❖ ¿Completo mis tareas y deberes escolares sin necesidad de que me lo recuerden constantemente?

❖ ¿Acepto cuando cometo un error y trato de solucionarlo en lugar de ocultarlo?

❖ ¿Me esfuerzo por cumplir con los compromisos que hago?

❖ Para Padres y Educadores:

❖ ¿El joven cumple con sus responsabilidades escolares y personales sin resistencias?

❖ ¿Muestra disposición a corregir errores en lugar de evadirlos o culpar a otros?

❖ ¿Es coherente con sus compromisos y entiende la importancia de mantener su palabra?

3. Evaluación de la Integridad

- Para Jóvenes:

❖ ¿Me mantengo fiel a mis valores, incluso cuando los demás no están de acuerdo conmigo?

❖ ¿Evito mentir para salir de problemas o para obtener beneficios?

❖ ¿Trato a todos con el mismo respeto, independientemente de quiénes sean?

- Para Padres y Educadores:

❖ ¿El joven demuestra coherencia en sus acciones y valores?

❖ ¿Es honesto al reconocer sus errores o cuando enfrenta una situación difícil?

❖ ¿Trata con respeto a sus pares y a los adultos en distintas situaciones?

4. Evaluación de la Resiliencia

- Para Jóvenes:

❖ ¿Intento sobreponerme a las dificultades, aunque sienta que no lo puedo lograr de inmediato?

- ❖ ¿Veo los errores como oportunidades para aprender en lugar de un motivo de vergüenza?
- ❖ ¿Busco apoyo cuando lo necesito sin rendirme rápidamente?
- ❖ Para Padres y Educadores:
- ❖ ¿El joven muestra una actitud de perseverancia frente a las dificultades?
- ❖ ¿Es capaz de aprender de los fracasos y buscar maneras de mejorar?
- ❖ ¿Tiene la capacidad de pedir ayuda cuando la necesita y de buscar soluciones alternativas?

Listas de Verificación para la Reflexión

Las listas de verificación ofrecen una guía rápida y fácil para evaluar cómo se están desarrollando los valores en la vida diaria. Estas listas se pueden completar de forma periódica, observando los cambios y progresos del joven.

Lista de Verificación de Hábitos Éticos

- ❖ ¿El joven saluda y trata con respeto a todas las personas, sin importar su rol o relación?

- ❖ ¿Ayuda en las tareas del hogar o en otras responsabilidades familiares?
- ❖ ¿Se muestra agradecido cuando alguien le ayuda o le ofrece apoyo?
- ❖ ¿Ofrece disculpas cuando ha hecho algo que afecta a los demás?
- ❖ ¿Expresa sus opiniones y escucha las de los demás sin descalificar?

Lista de Verificación de Autocontrol y Responsabilidad

- ❖ ¿Controla sus impulsos al interactuar con otros, evitando responder de forma agresiva?
- ❖ ¿Hace su mejor esfuerzo en las tareas escolares y en sus compromisos deportivos o artísticos?
- ❖ ¿Respeta los acuerdos familiares o las normas de la escuela sin que se lo recuerden?
- ❖ ¿Cuida sus pertenencias y respeta las de los demás?
- ❖ ¿Demuestra constancia en sus actividades y no abandona rápidamente cuando algo se vuelve difícil?

Reflexión y Autoevaluación Semanal

Una auto-evaluación semanal permite a los jóvenes reflexionar y observar cómo sus decisiones y actitudes se alinean con los valores que están trabajando en desarrollar.

1. Preguntas de Reflexión para Jóvenes:

- ❖ ¿Qué valor fue el más difícil de aplicar esta semana?
- ❖ ¿Hubo alguna situación en la que sentí que actué de forma ética? ¿Cómo me hizo sentir?
- ❖ ¿Qué situación me hubiera gustado manejar de una manera diferente?
- ❖ ¿Qué puedo mejorar la próxima semana para alinear mis acciones con mis valores?

2. Ejercicio de Introspección para Padres y Educadores:

- ❖ ¿Noté alguna mejora en cómo el joven se relaciona con los demás?
- ❖ ¿Mostró el joven un esfuerzo consciente en desarrollar alguno de los valores específicos?

❖ ¿Cuáles son las áreas en las que puedo
ayudarle a mejorar y reforzar sus habilidades y su ética?

Conclusión

Estas herramientas de autoevaluación y reflexión no
solo permiten que los jóvenes y sus familias sigan el
progreso en el desarrollo de valores, sino que también les ayudan a **identificar áreas de mejora de
forma objetiva y concreta**. Padres, educadores y
jóvenes podrán ver sus avances y establecer **objetivos claros** para fortalecer su ética y su capacidad
de liderazgo en el día a día, asegurando una base sólida para sus decisiones y comportamientos futuros.

Journaling Ético

El journaling o diario ético es una herramienta poderosa que permite a los jóvenes reflexionar sobre sus
experiencias y decisiones, ayudándoles a ser más
conscientes de cómo aplican los valores en su vida cotidiana. Llevar un diario ético fomenta la introspección, refuerza el aprendizaje y permite ver de manera

tangible su propio crecimiento en áreas clave como la empatía, la honestidad, la responsabilidad y la resiliencia.

Cómo Iniciar un Diario Ético

1. Seleccionar un Diario: Elegir un cuaderno o libreta especial que se use solo para el journaling ético. Esto crea un espacio físico y mental dedicado exclusivamente a la reflexión personal.

2. Frecuencia de Escritura: Se recomienda escribir en el diario al menos una vez por semana. También se puede escribir después de una situación significativa, donde se haya enfrentado un dilema ético o se haya tenido que tomar una decisión importante.

3. Estructura de las Entradas: Para ayudar en la organización de ideas, cada entrada del diario puede seguir un formato sugerido, que incluya preguntas de reflexión y un espacio para evaluar lo que se ha aprendido.

Preguntas para Guiar las Entradas

Cada entrada en el diario puede basarse en las siguientes preguntas, que guían al joven para reflexionar sobre cómo han puesto en práctica sus valores:

1. ¿Qué situación viví hoy o esta semana que me hizo reflexionar sobre mis valores?

- Esta pregunta anima a identificar una experiencia que haya tenido un impacto emocional o ético.

2. ¿Cuál fue el valor que puse en práctica y cómo lo hice?

- Aquí el joven puede mencionar específicamente si ejercitó la empatía, la honestidad, la responsabilidad, etc., y cómo actuó en consecuencia.

3. ¿Qué dificultades o tentaciones enfrenté para actuar de acuerdo con mis valores?

- Reflexionar sobre los retos ayuda a que los jóvenes sean conscientes de las influencias y presiones que puedan enfrentar y cómo estos desafíos pueden ser superados.

4. ¿Cómo me sentí después de tomar la decisión?

- Esta pregunta permite expresar emociones y entender cómo las decisiones éticas tienden a generar un sentido de orgullo, paz o satisfacción.

5. ¿Qué aprendí de esta experiencia?

- Reflexionar sobre el aprendizaje permite consolidar los valores y analizar cómo la experiencia puede influir en situaciones futuras.

6. ¿Qué haría diferente la próxima vez, si es que haría algo diferente?

- Esta pregunta ayuda a identificar oportunidades de mejora y a establecer objetivos éticos personales.

Ejemplo de una Entrada en el Diario Ético

Fecha: 10 de noviembre

Situación: Hoy en el colegio, vi a un compañero siendo excluido por otros durante el recreo. Sabía que acercarme a él y conversar podría hacer una diferencia, pero también temía que los otros chicos pensaran que estaba yendo en contra de ellos.

Valor aplicado: Empatía y valentía.

Dificultad: Sentí miedo de que los demás me juzgaran o también me dejaran de lado.

Decisión tomada: Decidí hablar con él y ofrecerle jugar juntos. Le pregunté cómo estaba y lo invité a unirse al grupo.

Cómo me sentí después: Me sentí muy bien porque vi que él estaba feliz de tener compañía. No me importó lo que los demás pensaran, porque sabía que hice lo correcto.

Aprendizaje: Aprendí que a veces hay que hacer lo correcto, aunque dé miedo o haya presión social. Me sentí más fuerte y seguro de mis valores.

Para la próxima vez: Quiero seguir actuando de acuerdo a mis valores sin temor a las opiniones de los demás.

Beneficios de Llevar un Diario Ético

1. Refuerza el Aprendizaje: Escribir sobre experiencias ayuda a consolidar lo aprendido y recordar las lecciones en futuras situaciones.

2. Facilita la Reflexión Personal: El journaling invita a los jóvenes a detenerse y reflexionar, en lugar de actuar impulsivamente o sin pensar.

3. Promueve la Autoevaluación y el Crecimiento: Cada entrada muestra cómo han evolucionado sus decisiones y cómo están creciendo en su desarrollo ético.

4. Sirve como Registro de Crecimiento Personal: Con el tiempo, podrán ver cómo han mejorado sus habilidades de resolución de conflictos, empatía y autoconfianza al enfrentar dilemas éticos.

Consejos para Padres y Educadores

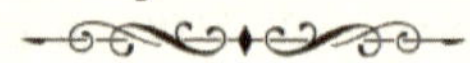

- Incentivar la Constancia: Alentar a los jóvenes a que escriban en su diario de forma regular y a que no se preocupen por la extensión de cada entrada.

- Respetar la Privacidad: Es importante que el diario sea un espacio seguro y confidencial, donde los jóvenes puedan escribir con sinceridad.

- Promover la Reflexión Conjunta: Si los jóvenes están de acuerdo, padres y educadores pueden proponer ocasionalmente una conversación basada en temas del diario, pero siempre respetando sus límites y privacidad.

Epílogo

Al llegar al final de este recorrido por Semillas de Integridad, queda claro que el camino hacia una sociedad ética comienza en los pequeños actos de cada día, en las decisiones silenciosas y en las conversaciones profundas que dejamos florecer en nuestros hogares y aulas. Este libro ha sido una invitación a sembrar algo invaluable: valores que, como semillas, brotarán en los momentos más insospechados, recordándonos que la verdadera grandeza se encuentra en quienes actúan con empatía, integridad y valor.

No hay una fórmula mágica para la ética ni un camino único hacia el liderazgo. Cada joven tiene su propia historia, cada familia sus desafíos, y cada comunidad sus propios sueños. Pero si algo nos une es la capacidad de aprender, de crecer y de mejorar con cada elección que tomamos. A los padres, maestros y líderes que han llegado hasta aquí, sepan que cada esfuerzo cuenta, que cada valor inculcado, cada momento de reflexión y cada desafío superado nos acerca un paso más a la sociedad que soñamos.

Este es solo el inicio. A medida que cada uno de ustedes continúe su labor, les invito a recordar que los frutos de la integridad pueden tardar en madurar, pero cuando lo hacen, transforman no solo a quienes los portan, sino también al mundo que los rodea. Gracias por ser sembradores de una nueva generación. Sigamos plantando juntos, con la esperanza y la certeza de que, algún día, recogeremos una cosecha de líderes comprometidos, capaces y, sobre todo, íntegros.

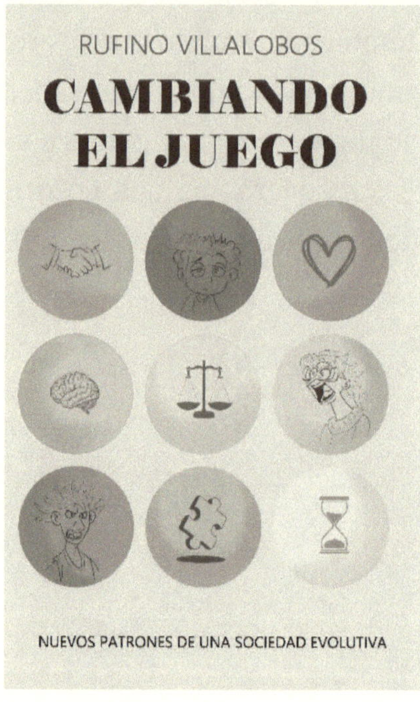
RUFINO VILLALOBOS
CAMBIANDO
EL JUEGO
NUEVOS PATRONES DE UNA SOCIEDAD EVOLUTIVA